それでも読書はやめられない

本読みの極意は「守・破・離」にあり

勢古浩爾 Seko Koji

JN010340

NHK出版新書
615

はじめに――死ぬまで読書

世の中に楽しいことやおもしろいことは沢山あるらしい。たとえば、仲間と草野球をすること、そのあとの飲み会、家族ぐるみの付き合いでバーベキュー、好きな人とヨーロッパ旅行、ベビーメタルのコンサートに行くこと、ドラクエXIなどコンピュータゲームをやること、映画を観ること、美術館に行くこと、文化講座での集まり、パチンコに競馬、ゴルフに釣り、うまいもの食べ歩き。車で道の駅探訪。スポーツ観戦、囲碁将棋、俳句短歌づくり、などなど。キリがない。もう無数に挙げられる。

しかし、だれもが楽しいことばかりを無数にできるわけではない。それに、なにが楽しいかは人それぞれである。わたしは酒が好きではなく、車の運転もできない（唯一持っていたバイクの免許は返納した）。おまけに集団嫌いである。という三つの理由で、右に挙げた楽しいことリストはおろか、世間で楽しいとされていることの相当部分が除外されてしまう。それに右のリストのなかでも、全然楽しいと思えないものがいくつかある。わたしは自分では偏屈でも頑固でもないと思っているが、多くの人に無条件で楽しいと思われていることが、わたしには楽しいとは思えないという厄介な性分をしている。

むろん、わたしにも楽しいことはある。ひとり旅。NHKの将棋講座、ドキュメンタリー番組と少数のバラエティ番組を見ること（TBS「プレバト!!」の俳句、テレビ朝日「博士ちゃん」など）。あとは映画を観ることに昔のポピュラー音楽を聴くこと。いや、たったこれだけか。だが、これらのことがほんとうに楽しいのかといえば、たしかに好きは好きだが、楽しいというのとはすこし違う気がする。気分がリラックスする、心地がいい、おもしろく感じる、というあたりか。いったい、楽しいってなんだ？

日々の暮らしのなかで、「ああ、おもしろかった」と思えるようなことはめったにない。ところが、本だけは特別だ。ほんとうにおもしろい本に当たれば、心底楽しいのである。こういう経験をできるのは本を読むこと以外にない。まあ、いいすぎだが。読書はもっとも地味な行為なのに、他の愉楽を凌ぐおもしろさをもっているとは、本を読まない人には信じられないだろうと思う。

わたしは他の様々なこと（映画、音楽、旅行など）はあきらめても、心身がもつならば、本はたぶん死ぬまで読みつづけるだろう。読書は飽きがこない。金もかからず、手軽で、どこでも楽しめる。読書ほど持続できる趣味もあまりないのではないか。
と、根っからの読書好きのような顔をして書いているが、わたしはふつうの本好きの人たちや、他の著名な読書家たちとはちがって、子どもの頃から本が好きだったわけではない。世のなかには「本の虫」（出口治明）や「本から生まれた本太郎」（渡辺京二）を自称するような凄い読書家たちがいる。松岡正剛や佐藤優もまた凄まじい読書家だ。その人たちに比べれば（比べるのもおこがましいが）、わたしが本を読み始めたといえるのは二十四歳頃からで、話にならないほど遅かったのである。

もちろん子どものときから、単発的には読んでいた。マンガは読書には入らないだろうが、マンガは好きで小学校二年頃から読んでいた。しかしふつうの読書は、少年少女向けの怪盗ルパンやシャーロック・ホームズや怪人二十面相などをポツポツ読んでいた程度である。それも合計しても、せいぜい十数冊ほどだったろう。読書は習慣でも趣味でもなく、まったく生活のなかに組み込まれたものではなかったのである。だから一年も二年も読まなくても全然平気だった。その読書不毛の時期は二十代前半までつづいた。

読書人生を四季になぞらえるなら、わたしに読書の春がやって来たのはふつうの人に比べても十年遅い。本を読む人はたいてい小学生の頃から読み始める人が多い。たとえば芦田愛菜さんは、幼稚園の年少のときから絵本を読み始めたという。すでに「読書が大好きな子供」で、中学一年のときにはなんと村上春樹の『騎士団長殺し』を読んで「ハマった」というから驚きである。彼女は「読書が生活の中に入っている」と書いている（『まなの本棚』小学館、二〇一九）。これが本を読むということだ。

わたしが二十四歳のとき、十年遅れで、不意に読書の春がやってきた。いや、やってきたのは春の嵐だったか、それともいきなりの灼熱の夏だったのか。どういっていいかわからないが、それはまったく予想外のことだった。それまでほとんど本と生活的に無縁だったわたしが、ある小さな出来事をきっかけに、本の世界に放り込まれることになったのである。大げさにいうと、それは人生の一大事だった。

それまでわたしのなかで、もやもやどんよりしていたものが、一本の強靭な芯のもとに一気に整序され、いっぺんに晴れ渡ったのである。わけのわからぬ説明で申し訳ないが、そういう感じであった。それが、本文で書くように、一冊の本によってもたらされたのである。驚いたのはわたし自身である。まさか本に、そんな力があるとは夢にも思わなかった。しかしそれ以後、本はわたしの生活のど真ん中に入ってきたのである。

いっとき、春の嵐に吹きまくられた。その余波はそのあともつづくのだが、ただ表面的には徐々に落ち着き、仕切り直して、文学作品を読む穏やかな日々がつづくようになった。とはいえ、なにを読んだらいいのかわからないものだから、「名作」と書かれた棚から一冊一冊抜き出して読むような読書であった。そうやって日本文学の名作を広く浅く読んでいったのである。別に強いられた不自由な読書と感じたことはなかったが、半ば義務としての読書、といった意識があったことは否定できないだろう。

本には名作とか名著といわれる別格の本がある。絵や映画に名画があり、音楽に名曲があるようにである。古典として評価が定まったものもあるが、その時代時代によっても名作・名著はある。そして読書の単純な娯楽的おもしろさによって読書の世界に入っていった者でも、人生における読書の価値を見出した者たちは、やがてもっと深い本、感銘が残る本を求めて、名作・名著に参入していくのである。

それがわたしの場合、「哲学」だった。いわゆる「名著」である。わたしは春の嵐のあと、日本文学（「名作」）を一通り読んだら、その後、いい年をして、真夏の熱風に煽られたのである。ただそれは自ら望んだことでもあった。わたしはそこがどんな世界であるかを知らなかった。哲学という迷宮に迷い込み、その内部でひとしきりじたばたした。無駄に自分をこじらせた、といっていい。おれはなにをやっているんだとおのれの馬鹿さ加減に気付き、やっとその世界から脱出できたのは、すでに四十代の終わり頃だったか。いやはやひどい目にあったが、自業自得である。

そんな読書の歳月を過ごしてきた。まったく本の世界を知らない者が、いきなり読書の横道から入っていった。そこから義務として「名作」の読書をし、やがて「名著」の森に迷い込んだ。そして、いまは読書の秋であり、冬でもある。読書本来の自由で楽しい読書をしているという意味では穏やかな秋であり、老境に入りつつあるという意味では冬である。いまは、「ああ、おもしろかった」といえる娯楽だけの読書で一〇〇パーセント満足している。ほとんどの本好きの人が、読書に求めるものでもあろう。

茶道に「守《しゅ》破《は》離《り》」という言葉がある。芸道における成長の段階を意味する教え、とされている。千利休は、茶道の教えを百首の歌（「利休道歌」）にまとめた（とされる）。「守破離」とはそのなかの一首、百首目からとられている。「規《き》矩《く》作法守りつくして破るともはな（離）るるとても本《もと》を忘るな」（阿部宗正『利休道歌に学ぶ』淡交社、二〇〇〇）。

阿部宗正氏による解説にはこうある。規矩作法を「十分に学び、一所懸命よく守ること」が「守」、その規矩作法を「自分の段階で脱皮して少しずつ大きくなり、また学んでは脱皮することを重ねることによって大きくなって行く」ことが「破」、その段階から「さらに規矩作法を熟知して自由闊達な働きができ、何のとらわれもない、守破離の『離』の段階ともいえる境地にまで到達」できるようになる。しかし、そうなったとしても「基本となる規矩作法は忘れることなく、守らねばならない」。

わたしは自分なりの読書人生（まあ大げさだが）を振り返るとき、この「守破離」に似た道筋を辿ったような気がしている。人生の序盤まで本好きでもなんでもなかったわたしが、ひょんなことから本を読むようになり、王道である義務としての「名作」の読書を経て（守）、やがて無謀にも「名著」に挑むようになり、いかにして敗退したか（破）。そこまでは滑稽とも哀れとでもいうべきだったが、しかしまた、そこで改めて開眼し、いかに「ああ、おもしろかった」という読書本来の自由で楽しい読書の原点に戻ってくることができたか（離）、というようにである。

普通一般の読書に、本はこのように読みなさい、というルールはない。だが、おおまかにいうなら、この「守破離」は多くの人の読み方に共通しているのではないか、という気がする。読書は技量の上達や心の成長を競うものではない。けれど、それらとはまったく無関係な行為ともいいきれない。むろん、人それぞれである。他人相手ではなく、自分自身相手なら、その人なりの読書の「守破離」はありうると思う。それぞれの人独自の「守破離」である。

そしていま、わたしはしんしんと雪の降り積もる読書の冬を迎えている。まったく本を読まなかった子どもが、いまでは「死ぬまで読書」を口にして恥じないジサマになった。いまでは読書を知ってしまったから、そのことはことさらにうれしくも悲しくもないが、まちがいもなく、いいことであった。一生、読書の春の来ない人生だったかもしれないのだから。

本書を読まれる方が、読み終わったあとで（読み終えられることを願うが）、もしも「ああ、おもしろかったよ」と思っていただけるようなら、素直にうれしい。定型的に、これにすぐる喜びはない、とか、望外の喜びである、と書くのが常套だろうけど、そんなことよりも、素直に、うれしいです、といいたい。「ああ、おもしろかった」は、本に対する最高のほめ言葉だからである。

＊引用文献のあとにカッコで出版社名と出版年が入っている本は、わたしが読んだ本である。ただし、それが入っていないものでも、読んだものはある。

それでも読書はやめられない——本読みの極意は「守・破・離」にあり

目次

長谷川卓『もののふ戦記――小者・半助の戦い』
今村翔吾『火喰鳥――羽州ぼろ鳶組』
山本周五郎『白石城死守』

［人生・人間］

ジェフリー・アーチャー『クリフトン年代記（全七部、十四冊）』
宮本輝『流転の海（全九冊）』
大西美智子『大西巨人と六十五年』
関川夏央『人間晩年図巻1990〜94年』
平尾誠二・恵子＋山中伸弥『友情――平尾誠二と山中伸弥「最後の一年」』
犬塚勉作品集
安野光雅『いずれの日にか国に帰らん』

［生活］

楠木建『好きなようにしてください――たった一つの「仕事」の原則』
若林正恭『表参道のセレブ犬とカバーニャ要塞の野良犬』
塩野七生『ギリシア人の物語Ⅲ　新しき力』

［戦記］

古川薫『君死に給ふことなかれ――神風特攻龍虎隊』

第1章　いきなり読書の横道から入って

——人はいつどうやって読書に目覚めるのか

二十四歳まで本は読まなかった

わたしは人生の序盤の二十五年間、ほとんど本とは無縁に暮らした。むしろ運動を好んだ。足は遅かったが、運動は好きだった。小学校低学年のときはドッジボール、山遊び、川での泳ぎ、相撲などが好きで、祭りや隠れんぼで町中を駆け回った。高学年以降は野球、剣道、バレーボールをやり、高校ではサッカーをした（これは下手くそだった）。大学のときにスキーを少しやったが、大して上達はしなかった。運動好きとはいっても、おしなべてただの下手の横好きだったのである。

人生のなかで、一番本を読んだのは中盤の二十五年間である。つまり二十五歳から五十歳。そしていま、終盤の二十五年間の最中である。

小学校に行っていた頃、貸本屋でマンガを借りることは楽しみだった。マンガを読書とはいわないだろうが、マンガは老年になったいまでも好きである。ただし好きなマンガは限定されている。絵がわたしの好みでなければならないからである（現在、継続的に読んでいるのは石塚真一の『BLUE GIANT SUPREME』だけ。第9巻は、マンガでここまで表現できるかというほどの感動編だ）。当時読んだのは山森ススム、石川フミヤス、辰巳ヨシヒロ、K・元美津、さいとう・たかをなどである。

これは貸本マンガで、「冒険王」や「少年画報」や「少年」などの月刊の少年マンガ雑誌とは別だった。これらの雑誌の執筆陣は寺田ヒロオ、わちさんぺい、高野よしてる、武内つなよし、福井英一、手塚治虫などだった。しかし少年雑誌もやがて廃れ、「少年マガジン」や「少年サンデー」の週刊誌の時代になった。好きだったのは、ちばてつや、ちばあきお、本宮ひろ志、池上遼一などだった。

家に本はなかった。本を見た記憶がまったくない。しかしたいていの童話の筋は知っているから、絵本の類はあったのかもしれない。少年雑誌に一番最初に触れたのは、父の友人がお土産に持ってきてくれたものだった。父は保険会社に勤めていたから、会社の上司か友人だった人か。その人はいつも探検家が被るような白いヘルメットをかぶって、二か月おきくらいに我が家に現れた。わたしたち兄弟はかれを探検家と呼んだ。かれが持ってきてくれる「少年」を待ちわびた。その人が来なくなると、そのあとは、父が買ってくれるようになったと思う。

小学校三年頃には、学校の図書室から借りて子ども向けに書かれた「アルセーヌ・ルパン」や「シャーロック・ホームズ」ものを読んだ。「怪人二十面相」もよく読んだ。兄の影響だったのかもしれないが、おもしろくて、結構夢中になったものだ。少年少女用に書かれた伝記などは、野口英世など読んだ記憶がなくもないのだが、まったくはっきりしない。読んだとしても、どっちみち大した冊数は読んでいない。読書が探偵ものから、他のジャンルに広がることはなかった。そのまま活字を読む習慣が途絶えただけである。基本的にマンガだけで満足だったのだ。

　中学三年のときだったと思うが、生まれてはじめて本を買った（小四から中二までは本とは無縁の不毛時代）。堀江謙一の『太平洋ひとりぼっち』（ポケット文春、一九六二）である。当時、堀江の壮挙はテレビや新聞で大騒ぎだったので、わたしも興味を持ったのだろう。この本は好きで、繰り返し読んだ。海外への憧れが育った。しかし中学の三年間で読んだのは、たぶんこの一冊だけである。

　高校に入ると世界一周自転車旅行を計画し（後にヨーロッパ・ヒッチハイク旅行に縮小した）、その関係で自転車旅行日本一周記物や、ドイツ人青年の世界旅行記を読んだ。ミッキー安川の『ふうらい坊留学記』（カッパ・ブックス、一九六〇）と小田実の『何でも見てやろう』（河出書房新社、一九六一）を読んだのもこの頃だったか。『何でも見てやろう』はベストセラーになり、小田実は一躍時代の寵児になったが、わたしには『ふうらい坊』のバカっぽさのほうが性にはあった。

高校の三年間で読んだのはそれくらいである。他に記憶がない。いったい高校でなにをやっていたのか。一年間だけ中途でサッカー部に入ったが、ど下手だった。ルールもなにも知らなかったのである。覚えようという気もなかった。あとはラジオで音楽番組を聴くぐらいだったのだろう。

ビートルズが彗星のごとく登場したのがこの時期で、世界がざわつきはじめていたのを覚えている。ラジオのDJが、「ビートル」とはどういう意味だということで、Beat All（すべてをぶっ潰す）の意味ではないか、とトンチンカンなことをいったのを覚えている。バカだったね。ショーン・コネリーをシーン・コネリー、ミシュランをミチェリンと大真面目にいっていた時代だ。

どっちにしろ、高校卒業までほとんど本を読まなかったことははっきりしている。なにしろ「本」という意識がまったくなく、わたしの生活のなかに一切入っていなかったのである。音楽や映画に対する親近感は圧倒的に本より上だった。といってもわたしが興味を持っていたのは、音楽はごくふつうのポピュラー音楽（ビーチボーイズ、ベンチャーズなど）だけ、映画はもう完全に冒険活劇の娯楽映画だけだったのである。

べつに本を嫌っていたわけではなかったと思う。嫌いになる理由がなかった。ただ「インテリ」と呼ばれる人間、つまり学者とか作家とかにはあまりいい印象を持ってはいなかったから、それに付随して、本はなんとなく敬遠していたところがあった。思い出してみると、父母が本を読んでいる姿は一度も見たことがない。父は年老いてから本（時代小説）を読み始めるのだが、それはずっとずっとあとのことだ。

　環境的にはずっと本とまったく無縁な環境だった。しかし、家に本があれば、子どもが自然に本を読み始めるかというと、それは違うと思う。人がどうして本を読むようになるのかわからないが、これだけはたしかである。いずれにせよ、人生の序盤の二十五年間は、わたしには「本」という観念がなかったことははっきりしている。わたしは二十四歳まで本はほとんど読まなかったのである。

マンガと空手道場

　大学生になった。佐世保（長崎県）から上京し、兄の六畳間の下宿に転がり込んだ。大学に入った目的は、空手の道場で修行することと、アルバイトで金を貯め、ヨーロッパ・ヒッチハイクの旅に出ることであった。三年生になったら、一年間留年して、旅に出るつもりだった。だから大学で勉強したいなど、まったく考えたこともなかった。将来なんになりたいという夢も希望もなかった。就職するまでの、四年間の猶予期間ぐらいにしか考えていなかったのである。だからいまの学生たちに偉そうにいう資格はない。

　こんな馬鹿息子で今更ながら、亡き父母に申し訳なく思う。詫びても詫びる言葉がない。けっして楽ではない生活のなかで、息子ふたりを東京の大学まで入れて、毎月仕送りをしてくれたのである。父はかれの父親（わたしたちの祖父）が残した借金を返し続けていたのだが、わたしら子どもたちはそんなことは知る由もなかった（結局、返済し終わるまで二十年以上かかったようである。正確なことはわからない）。完済したときにはじめて母から聞かされた。金額は聞いてない。父はそのことでは一言もいわなかった。アルバイトで稼いだ金は全部旅行資金のために貯めた。

　わたしは自分では一人前の男と思いたがっていたが、なんにも考えていない、なんの自信もない、ただのアホであった。そして、わたしはそのことを自覚していた。それが証拠に、わたしはそういう自分が好きではなかったのである。ヨーロッパ・ヒッチハイクの旅は、根本的には、人間関係の息苦しいこの場所（社会）から、もっと自由な世界に飛び出したかったことが一番なのだが、そのほかにも、わたしのなかでは自分を鍛える修行の意味も持っていた。なにか自分の精神の核になるような経験が欲しかったのである。

大学生になっても、わたしのマンガ好きはまだ続いていた。ファンタグレープを飲み、肉屋で買ってきた熱々のコロッケを食べながら、毎週、「少年マガジン」を読むのが楽しみだったのである。「少年サンデー」ではなく、「少年マガジン」派だった。もうなにが連載だったのかは覚えていない。ちばてつやの「あしたのジョー」はそのときか。本宮ひろ志の「男一匹ガキ大将」や、池上遼一の「男組」もこの頃か。この頃のマンガは単純でおもしろかった。絵もうまかった。武士物の平田弘史の劇画も好きでよく読んだ。武士物を描かせたら、いまに至るまで、また今後も、平田の右に出るものはいない。

　空手を習いたいと思ったきっかけはなんだったろうか。中学生の後半頃から、空手を使うテレビ番組や映画を意図的に探した。「ハワイアン・アイ」というテレビ番組で、ロバート・コンラッドが空手使いの探偵役を演じた。亀石征一郎という役者が「鉄道公安36号」というテレビドラマで鉄道公安官役を演じて空手を使った（駅のホームでチンピラがなにかのうっ憤晴らしにゴミ箱を蹴飛ばすと、公安官亀石がやってきて「ゴミ箱があなたになにかしましたか?」という場面を覚えている）。

　高倉健のデビュー作の映画「電光空手打ち」を見た。テレビ番組「グリーン・ホーネット」でブルース・リーが空手の達人役の「カトウ」を演じた（当時はまだ無名）。エルヴィス・プレスリーが「青春カーニバル」という映画で空手を使った。そんな、なんやかんやで、わたしはなんだか空手に魅入られたのである。これもまた自分自身の自信ということに関係していたのだろう。大学に入ったら、絶対にやろうと決めていた。

アパートがあった京王線の千歳烏山から数駅離れた下高井戸に空手道場を見つけた。結果、十八歳から三十歳くらいまでその道場に通うようになったのである。幸運だったことに、その道場の先生がよかった。いろいろな思い出がある。先生は琉球古武道も修めていた人で、宗幹流双節棍《そうかんりゅうそうせっこん》というヌンチャクの創始者でもあった。そのことで先生から聞いて記憶に残っている話がある。

先生が若かりし頃、力いっぱい振った棍が誤って人（別の道場生）の頭に当たった。その瞬間はびっくりしたというが、同時に、その人がその一撃で死ななかったことにがっかりした、というのである。ヌンチャクといっても、それだけの威力しかないのか、ということだったのだろう。

あるいは三島由紀夫が自刃したとき、自分が切腹できるか否かを真剣に考えたともいっていた（当然、真剣は幾振りも持っていた。先生は本物の武道家だった）。武道家とはそういう考えをするものかと思った。だがその先生も数年前に亡くなってしまった。

そんなことで、学校や道場にはきちんと通ったが、往復の電車では、本をまったく読まなかった。なにをしていたのだろう。

ほんとになにを読んでいいのかわからない

それでも大学に入ったからには、それ相応のものを読まないといかんわな、とは思ったのである。それでなぜかは知らないが、いきなりロジェ・マルタン・デュ・ガールの『チボー家の人々』を読み始めたのである。あれは兄が買ったものだったろう。下宿の部屋にあったのだ。白水社発行の単行本で五冊。わたしが生まれて初めて読んだ大長編として記念碑的作品ではあるのだが、もう登場人物も粗筋もなにも覚えていない。ただ読んだという事実を記憶している。

そんなことで読んだといえるのか、といえば甚《はなは》だこころもとない。しかしそんなことをいいはじめたら、これまでに読んだはずの数千冊もまるっきり意味のないものになってしまう。全五冊読み終えたときには、それなりの達成感はあったと思う。おもしろかったのか。なぜそんなに読みつづけられたのか。どれくらいの期間かかったのか。それなりにおもしろかったのだろうが、もうまったくなにもわかりません。

そのあと、これも兄の所有物だったのだろう、世界の大思想家シリーズの一冊『パスカル』をしばらく持ち歩いたことがある。ただの格好つけである。たぶん数頁読んだだけである。二つ上の兄もなにを読んだらいいのかわからなかったのだ。なんで『パスカル』を買ったのか。おそらく高校で覚えた「人間は考える葦《あし》である」という言葉が頭にあり、それで、「あ、パスカルだ」と唯一知っている哲学者の名前を見つけてうれしくなり、それで本を買ったのだろうと思う。バカ同士だけに、気持ちはわかる。

わたしもなにを読んだらいいのか、さっぱりわからなかった。なんのとっかかりもないのだ。本屋に行けば山のように本がある。しかし、なにをどう選べばいいのか。それでなくても、本屋なんかに入った経験がほとんどないのだ。作家を知らない。興味のあるテーマがない。碁盤を置かれて、どこでもいいから石を打ってみなさいといわれるようなものだ。なんだこのマス目は？どれもおなじマス目じゃないか。定石を知らないということは、そういうことである。それでも打つしかない。それでいいのだ。打てば、なにかが始まる。

わたしが一等最初に打ったのは、北杜夫だったはずである。あ、思い出した。いやいやいや。その前に渾身の一手を打ちこんでいたのは、伊丹十三（当時は伊丹一三）の『ヨーロッパ退屈日記』（ポケット文春）である。出版年は一九六五年とあるから、高三か、大学一年のときに買ったのだろう。これにはどはまりした。伊丹十三にほれ込むとは、我ながらいいセンスをしている。その後、伊丹十三の本はすべて読んだ。

で、そのヨーロッパ流れで（？）、北杜夫の『どくとるマンボウ航海記』に流れ込んだのである（おなじ頃、石原慎太郎の『青春とはなんだ』も読んだ）。北杜夫もおもしろかった。「マンボウ」ものは大概読んだが、わたしが一番好きだったのは旧制松本高校時代のことを書いた『どくとるマンボウ青春記』である。めっぽうおもしろかった。調子に乗って『楡家の人びと』という文学作品にまで手を伸ばし、文学というものはよくわからんものだな、と思った。「マンボウ」ものはその後も書き続けられたが、さすがに飽きて、北杜夫から離れてしまった。ただ本というものは、おもしろいものはおもしろいんだな、とわかってきたのが、このときの経験であった。

まだまだ読書の春は来ず

わたしの本箱が貧弱だったのはいうまでもない。大学院の友人がわたしのアパートに遊びにきて、本箱（それも小型）を見てびっくりしていたのを覚えている。すっかすかだったのである。その後、夏休みに名古屋のかれの実家に行ったときに、今度はわたしが腰を抜かさんばかりに驚嘆した。かれの六畳部屋の壁一面、天井にまで、なんと岩波書店の『日本思想大系』とみすず書房の『現代史資料』が分厚い背中を見せて、何十巻もずらりと鎮座していたのである。一介の大学院生だよ。かれは高校のときから岩波の「世界」という雑誌を読んでいた男である（おまけにバッハのレコード全集も持っていた）。わたしみたいにミッキー安川を読んでるやつが相手になるわけがないのだ。

しかし、この話は数年あとのことである。いまは北杜夫のあと、どうなったかである。まあどうにもなりようがないわけだが、なぜか司馬遼太郎の『竜馬がゆく』にぞっこんになったのである。この当時、武田鉄矢も竜馬にいかれたようであるが、わたしもおなじ程度にいかれたわけである。いかれて、竜馬が三十三歳で死んだことを受けて、おれも三十三歳で死ぬのだろうな、と思ったのである。つくづく、悲しいまでの馬鹿である。なんの関係もありゃせんのである。

『竜馬』のあとは、司馬の本の総ざらえをしたかといえば、そういうことはなかった。その気はあっただろうが、なにしろ金がなかった（その頃、図書館を利用するという頭はまったくなかった）。やっと買ったのは『燃えよ剣』と『峠』ぐらいである。その数年後かに、『世に棲む日日』や『坂の上の雲』を読み、そこからさらに数十年後、ふたたび自分のなかで司馬ブームが起きて、『関ケ原』や『翔ぶが如く』その他を読んだのである。わたしは長編を読むのに苦労はしなかった。躊躇することもなかった。むしろ好んだような気がする。いまでも長編小説を読むのは好きである。それはともかく、『竜馬』やその周辺の本によって、はじめて幕末という時代に興味を持った。

　結局、大学時代に読んだのは北杜夫と伊丹十三と司馬遼太郎の数冊だけだったと思う。まだまだ読書は生活のなかに入ってはいなかった。したがって読書の「守破離」の「守」も始まりようがなかった。本どころじゃなかったのである。

　週に三、四回空手道場に通い、それ以外の日はアルバイトに明け暮れていたからである（そうでなくても、本には入れこまなかっただろう）。キューピーマヨネーズと大日本印刷の工場で長期の徹夜のアルバイトをした。当時、海外旅行での持ち出し外貨は五百ドルが限度で、一ドルの換算レート三百六十円で限度いっぱいの十八万円を貯めるつもりだったが、予定額に達しなかった。結局、最終的にいくら貯まったのだったか。

　横浜からナホトカ、ナホトカからモスクワ経由でフィンランドのヘルシンキまでの片道切符を怪しげな旅行代理店に払うと、手元に残ったのが十一万円ほどだった。だが、もう待ってはいられなかった。大学二年が終わると、留年手続きをすまし、冬の横浜港から出港した。十一万円をトラベラーズチェックに換え、父からもらった餞別の二万円だけを胸に意気揚々とヨーロッパに旅立ったのである。当然帰りの切符は買っていなかったが、なんの不安もなかった。二十歳の晩冬だった。

山岳リュック（いまみたいに縦型のカッコいいリュックはなかった）にＪ・Ｄ・サリンジャーの「The Catcher in the Rye」の原書を一冊入れた。伊丹十三が『ヨーロッパ退屈日記』のなかで、一番好きな本と書いていたからである。わざわざ日本橋の丸善まで買いにいったのだ。銀色の表紙のペーパーバックで、いまでも手元にある。格好をつけたわけではないが、旅に一冊の本、という形式は気に入った。旅の折々に読んだ。

十一か月後、なんとか帰国した。帰りの旅費はスウェーデンのイエテボリという街で、一か月間皿洗いのアルバイトをして稼いだ。トルコからインドまで陸路、乗り継ぎ乗り継ぎの乗り合いバスの旅だった。金がギリギリだった。アフガニスタンのカブールで、カメラからパンツまで叩き売った。いま振り返ると、あの旅行はわたしにとって人生最大のイベントだった。まぎれもなく青春だった。

今考えると、あんなに急いで帰ることもなかったのに、と思う。だがあのときは、もう十分だったのだ。どういうわけか、早く日本に帰って、仕事がしたいと思ったのである。帰ってきても、まだ二年間学校が残っていたのだが、いったん帰ろうと思ったら、矢も楯もたまらなかったのである。香港から大阪空港に降り立ったとき、日本人の頭が全員黒髪で、おおっと思ったのだった。

ある友人のひと言がきっかけで灼熱

二十四歳になっていた。二十三歳のとき就職試験に失敗し、時間稼ぎのため大学院に入った。その夏、長野の松本の実家に帰っていた。父の会社の社宅である。ある日、大学院の友人が遊びに来た。あの壁一面『日本思想大系』の男である。市内をぶらぶらしたり、家でヴィッキー（ギリシア人歌手。「恋はみずいろ」がヒット）のレコードを聴いたりした。そのかれが、なんかの拍子にいきなり、「おまえなんか吉本隆明が合うんじゃないかな」といったのである。

かれがなぜそんなことをいったのかわからない。かれを駅まで見送り、その帰りに松本市内で一番大きな本屋「遠兵《えんひょう》」に行き、吉本隆明の『情況』（河出書房新社、一九七〇）を買った。そのときの本棚を見上げている自分の姿をいまだに覚えている。二階の右隅の、といってもわからんだろうけど、すこし見上げるような高さのところにあった。
分厚い『吉本隆明全著作集』が何冊かあったが、さすがに怯んだ。価格が高いし、読める気がしない。それで他の単行本のなかから、読みやすそうなものを選んだ。それが『情況』だった。そして、これがドンピシャだったのだ。これ以外の本を選んでいたら、吉本さんとの「邂逅」はなかったにちがいない。家に帰ってから、そのまま読み切ってしまった。こんな人が日本の「インテリ」のなかにいたのか！　灼熱だった。

おおげさにいえば、わたしの人生はその日を境にまったく変わったのである。吉本隆明という名前は知っていた。が、もちろん読んだことはなかった。読む気もしなかった（生意気に、いっぱしの読書家の言い草だ）。読む気もなにもありゃあせんのだ。本などほとんど無縁だった人間である。

しかし、なんの幸運か、そういう人間にも神は慈しみの一瞥を与えてくれたのである。軽い興奮状態に陥ったといっていい。わたしは翌朝、開店を待ちきれないほどの意気込みで「遠兵」に行き、試しに分厚い著作集を一冊買ったのである（たぶん『政治思想評論集』）。それを読み終えると、また本屋に走った。その夏は「吉本隆明の夏」だった。

いやいや、ちょっと興奮しますなあ。あのときの数日間の興奮が甦るよ。実際、こんなことはあるのである。『情況』のなにに、わたしが摑まれたのか。その後、『情況』を何回か読み返したが、なにがよかったのかわからないのである。だがこの本にわたしが摑まれたことはたしかである。わたしも素直な男だ。まるで買うことがあらかじめ決まっていたかのように、本屋に行き、一冊を選び、買ったのだから。

夏休みの残りの日々は、金の許す限り、『吉本隆明全著作集』を買いそろえ、その夏はそればかり読んで暮らした。休みが終わり、上京すると、そのまま新宿の紀伊國屋に直行した。ちょうど新刊の『敗北の構造』が出たところだった。即買った。いま著作集を開くと、やたらと青ボールペンで線を引いている。山パーレンでカッコしたりしている。たぶんなにもわかってはいなかったはずである。いまだってわかっているとはいえない。

だが、吉本読書のおかげで、磯田光一や梶木剛や北川透や桶谷秀昭、小林秀雄や江藤淳などの名前を知り、少しずつかれらの本を読むようになった。ほかには前田愛、秋山駿、奥野健男、月村敏行、花田清輝、本多秋五、村上一郎なども知った。いわゆる文学評論のジャンルである。文学はおろか、小説も詩も古典も読んだことがないくせに、いきなり文学評論を読むことになったのだ。

ここまでに記したわたしの貧しい読書遍歴は、正真正銘ほんとうのことである。マンガ、少年探偵小説、旅行記、伊丹十三、『チボー家の人々（全五巻）』、司馬遼太郎（数冊）、北杜夫、ほぼこれだけに尽きている。あ、いま思い出した。エラリー・クイーンの『Xの悲劇』『Yの悲劇』『Zの悲劇』も読んだのだった（思い出すこともなかったな）。というのも当時、流行っていたからである。

それがいきなりの文芸（政治）評論である。本を読む習慣も基盤も素養もなにもなかったのにである。それは、本の世界にいきなり横道から入ったようなものだ。読書の季節ならいきなりの盛夏。「守破離」でいえばいきなりの「破」。しかしわたしはそのことになんの違和感も感じなかった。無理したつもりもない。まるで新しい世界に興味津々だったのである。そして一年も経つ頃には、いっぱしの本読みのような顔をしていた。力をくれたのは吉本隆明である。権威を恐れることはない、専門家たちがいる世界に入っていくのに資格はいらない、ふつうに生きている人間という資格だけで十分だ、と。

*

人生におけるこの一冊ということでいえば、次のような人の一冊が思い出される。宇梶剛士の『チャップリン自伝』、村田諒太のフランクル『夜と霧』。高梨沙羅は小さい頃から本が好きだったようだが、ソチオリンピック以後、スランプに陥ったときに出遭った〝この一冊〟は、岸見一郎『嫌われる勇気』である。こういう経験は強い。特別な一冊でなくてもいい。たまたま読んだ本がおもしろかった、という経験は、本を好きになるには不可避だと思う。そういう経験のないところに、読書好きは誕生しない。

各界の一人者に、感銘を受けた一冊を聞き、それをまとめた本がある（元々はテレビ番組）。テレビ東京報道局編著『スミスの本棚――新しい自分が見つかる読書』（日経BP社、二〇一三）という本だが、三十六人に聞いたなかで、わたしが気になった五人の〝一冊〟を挙げてみる。池上彰はウンベルト・エーコとジャン＝クロード・カリエールの『もうすぐ絶滅するという紙の書物について』、遠藤保仁は『グァルディオラのサッカー哲学』、佐々木則夫は塩沼亮潤の『人生生涯小僧のこころ』、山田太一は阿部昭の『短編小説礼讃』、そして宮藤官九郎は早川義夫の『たましいの場所』である。

いきなり評論のジャンルに魅せられて

この世に、文学（文芸）評論の世界があるなんてことさえ知らなかった。この小説はどうだのこうだのと批評したり、作家論とか作品論なんかをやるらしいのである。なにがおもしろいんだ？　文学理論なんてのもある。わたしは文学などまったく読んでもいないのに、文学評論を読み始めたのである。なに考えてるんだ、と思うが、わたしはなにも考えていなかった。吉本さんに摑まれたのだからしょうがないのだ（時々、吉本さんと書くことをお許し願いたい）。

そこで小林秀雄をはじめ文学者の名前をすこしずつ覚え、島尾敏雄という作家を知った。島尾敏雄を読み始めたのはあきらかに吉本の影響である。吉本には作家論『島尾敏雄』があり、これがおもしろかったのだ（おまえにおもしろさがわかったのか、というと、自分なりにわかったと思えたのだ）。たしか晶文社の『島尾敏雄作品集（全五巻）』を買ったのだった。

ほかには高橋和巳と井上光晴、梅崎春生、大江健三郎などを読んだ。これも文芸評論の影響で読み始めたと思うのだが、いずれもおもしろくてずいぶん読んだ。もう内容はすっかり忘れてしまったが、高橋和巳の『悲の器』『散華』『我が心は石にあらず』『邪宗門』など主要作品は読んだ。井上は『書かれざる一章』『ガダルカナル戦詩集』『虚構のクレーン』である。あとは大江の初期の短編集。

これらは当然読むべき書物ということで読んだ。それらとはべつに、わたしは阿部昭の小説が好きだった。なにがきっかけだったのかは覚えていないが『未成年』や『司令の休暇』を読み、その後ほぼ全部を読んだ。タイトルが抜群によかった。『千年』『人生の一日』『日日の友』『無縁の生活』『単純な生活』『変哲もない一日』など、いずれも秀逸である。阿部昭を読んでいるときは、しあわせな感じがした（趣味で「阿部昭」小論も書いたりした）。『散文の基本』や『緑の年の日記』など、読まずにはいられないタイトルの本が書かれ、やはり阿部昭はいい、と思ったのだった。

　しかし、間違いはこのときに始まっていたのかもしれない。なんの内発的契機もなかったのに、表層的な興味だけで文学（文芸）評論の世界に入っていったことである。吉本さんへの関心だけは本物だったが、あとは吉本さんが興味を持っているものにわたしも興味を持っているふりをしただけで、文学全般へのわたしの関心はまがいものだったといわざるをえない。まがいものというより、吉本さんの本気に比べれば（比べるもおこがましいが）、まったく本気ではなかったのである。素養もなく、努力も研鑽もなかった。そのくせ、全部をわからなければだめだ、と焦った。

　それをとくに自覚したのは、詩も短歌もそれまでは一切お呼びではなかったのに、思潮社の現代詩文庫や国文社の現代歌人文庫を集め始めたことである。中原中也、鮎川信夫、田村隆一、鈴木志郎康、中桐雅夫、吉増剛造、春日井建、佐佐木幸綱など、なにもわからないままに読んでいた。ランボー、ボードレール、アポリネール、ハイネ、ヘルダーリンなども読み、そして、詩かあ、ほんとうにはおもしろくないなあ、と思った。あとは単発的に、ホイットマン、なんだか知らないがソール・ベローも読んだりした。

それでも読んでいればそれなりの興味が湧いてくる。伊東静雄の詩は好きになったし、石原吉郎は詩よりも散文が好きだった。石原独特の〝つらい文章〟に魅かれた。そのほか、ほとんど知られていない人だが、小山俊一もなんだか好きだった。ガリ版刷りで「EX-POST通信」や「アイゲン通信」などの個人誌を発行しつづけた人である。ひとりで考え、ひとりで書きつづけている姿勢がよかったのだ。それを出版したのが宮下和夫氏が立ち上げた弓立社《ゆだちしゃ》である。この当時の弓立社は無名の表現者の本をよく作った。わたしはそれらをよく買ったものである。

会社勤めを支えたひそかな誇り

この頃にはすでに勤め始めていた。就職試験は惨憺たるもので、落ちに落ちつづけ、最後のほうは朝日新聞の求人広告に頼るというありさまで、その結果、やっと社員二十人前後の小さな洋書輸入会社に職を得た。あのときはほんとうにホッとした。仕事はまじめにした。あたりまえのことだが。まだパソコンなど影も形もない頃の話である。携帯電話も電子メールもない。通信はファックス以前のテレックスであり、タイプも手動タイプライター。やっとデカい弁当箱のようなカシオの計算機が登場したころである。安月給が玉に瑕だったが、それを除けば楽しいいい会社だった。

　少ないとはいえ初めて給料をもらうようになり、せっせと『吉本隆明全著作集』を買い集めた。そのほかにも、文学評論ものを買っていた。そのうち、わたしの個人的性格の問題から、精神分析の本を読むようになった。みすず書房の独壇場だった。ベッテルハイム、ユング、R・D・レイン、アンリ・エー、テレンバッハ、ビンスワンガー、ミンコフスキーなどである。系譜もなにもない。無学の悲しさで、行き当たりばったりの選書だった。で、これらの本がまた安月給のサラリーマンにとっては高価だったのだが、しかしもったいないなど、思いもしなかった。

　これらがまた読書の横入りだった。基本もなにもあったものではない。考えてみれば、わたしはこういうことが多い。二十歳ごろからジャズを好きになったのだが、それも本道からではなく、ジャズの横っちょに位置する南米のテナーサックス奏者のガトー・バルビエリから入った。かれの音楽はジャズと見なされないこともあるが、わたしはかれの音楽が好きだったのである。本筋も脇道もどうでもよかったのだ。そうしてみれば、吉本さんの『情況』という本でさえ、主要本からはまったく外れた本である。

次から次へと集めた精神医学の本だったが、これらのうち何冊も読めたことがない。そりゃあそうだろう。まったくの読書初心者が、いきなり上級者の読書を始めたのである。それにこれらの本はたしかに市販されてはいるものの、本来は専門書だろう。だが、わたしはまったく怖気を持たなかった。吉本さんを読んだ人間は、これはいいことなのか、悪いことなのかは知らないが、怖いものがなくなるのである。

会社の人間には読書好きを隠していた。世間で、読書好きを表明することは恥ずかしいことだ、という意識があったからである。しかも読書とはいえ、わたしが読んでいたのはマイナーな本ばかりで世間には通用しない。人にいえるわけがない。しかし、わたしに思い上がりがなかったとはいえない。いや、やはり思い上がりはなかったであろう。わたしは生来、思い上がることができない気質である。

わたしは零細企業に勤める一介の会社員にすぎなかったが、こういう本を読む人間なのだ、ということで自分を支えたような気がする。それは思い上がりどころか、ともすれば、思い下がる自分を支えるために、必要だったことである。わたしは「吉本隆明」を読むということがひそかな誇りだった。当時のわたしは自分でもよくわからない屈託を抱えていた。それゆえに、本の読み方がおかしかったのかもしれない。おかしかったかもしれないが、選書にはわけのわからない自信はあったのである。

美しいものとしての本

　本を読むようになるにつれて、自分の本に対する好みがはっきりしてきた。わたしは本を著者や内容だけではなく、美しいかどうかで見るところがある。本のデザイン、フォルム、色合い、形状、ようするに造本のあり方である。もっと単純にいえば、表紙である。その好みが激しく、たとえば吉本隆明の『敗北の構造』の表紙がどうにも好きになれず、捨ててしまったことがある（吉本さんの本でもだめな装丁はだめ）。

　その反対に、この本は美しいなあ、と思ったのは、いまでも覚えているが古井由吉の『仮往生伝試文』である。装丁は菊地信義氏。いまは文庫になっているが、あの元本はじつに美しかった（高かったから買わなかったが）。元本は河出書房新社より一九八九年に刊行された。二〇〇四年に新装版が出ているが、なんで新装にしたのかわからない。

おなじ河出書房新社から出ていた『須賀敦子全集』もよかった。これも高かったから買えなかったが、のちに出た文庫版の全集も遜色ないくらい美しかったので、これは購入した。文庫なのに、腫れ物に触るように扱った。きれいな本はその点が難点だった。したがって、本を読むときは表紙を外して読むようになった。河出はなかなかセンスがよく、黒を基調とした『埴谷雄高作品集』（全十五巻＋別巻）もいい本だった。これは持っていたが、ろくすっぽ読まないうちに、売ってしまった（「死霊」は文芸誌「群像」に新たな章が発表されるたびに、そのつど読んだ）。

わたしが好んだのはシンプルな装丁である。やはり白と黒を基調とした菊地信義氏のものが一番好きである。乙川優三郎の本の装丁も概ねきれいである。現代小説の表紙もいい。新潮社装幀室の仕事である。間村俊一氏の装丁も好きだが、間村氏がＮＨＫの俳句か短歌の番組に出演したのを見て、そのあまりにもポップな外見に驚いた。安野光雅氏や南伸坊氏の絵を表紙に使ったものも好きだが、さすがにそれだけでその本を買うことはない。著者、内容ともに買う気があるのに、表紙が悪いとがっかりする。

昔の出版界は造本や装丁にもっと気を遣って本を作っていたと思う。現在、函入りの本はほとんど見なくなったが、昔は単著であれ全集本であれ、かなりあった。本はかならずパラフィン紙に包まれ、函に収められていた。わたしはかならずしも函入りを好まなかった。一回本を函から出すと、パラフィン紙がよれて、絶対にきれいに函に戻せなかったからである。これいいんだが邪魔だなあ、とイライラしたものである（ああ、今、タバコを一本抜こうと、無意識に指が動いた。テーブルの上に存在しないタバコを探した。昨年十月に脳梗塞になり、もう禁煙してから一年経とうというのに）。

　みすず書房の白を基調とした造本は基本的に好きである。あの光沢のある白は専門用語ではちゃんとしたいい方があるのだろうが、残念なのは経年劣化して、どうしてもくすむことである。あれは避けられない。それまでは丁寧に扱っていたのが、そうなると相当ぞんざいに扱っても平気になってしまう。読まずにしまっていても、本文にシミが出る。本をきれいなまま保存しようというのがそもそも無理なのだろう。小さな物神崇拝である。その根性がよくない。本も年を取るのである。

　わたしが感じる本の美しさはもうひとつある。美しいまま保存されようとした本とは正反対の、読みつぶされた本の美しさである。あのマラソンの瀬古利彦の監督だった中村清氏が持ち歩いていた小型の『聖書』の写真を見たことがある。赤色や青色の線が無数に引かれまくり、本の厚みが増えるほど付箋は無数に貼られまくり、書き込みがなされ、頁は折られ、あちこちとテープで修復されて、ボロボロになるまで読み込まれていたのがわかる写真だった（あるいは、最後の海軍大将井上成美の『聖書』）。このように読まれることが本にとっての本望であるような、読まれ方をした本である。人間と本との理想的な関係のように思われ、これが美しい。

わたしが考えるに、この美しさは文庫本にしか現出しない。これはわたしだけの感覚である。単行本や大型本ではいくらぼろぼろに読みつぶすほどに読んでも、この美しさは出ない。持ち歩かれ、丸められ、いろんな場所で読まれ、表紙や裏表紙の角がこすれ、手垢がつき、汚れ、摩耗しなければならない。線を引かれ、折られなければならない（わたしの空手の先生だった人は、じつに大切に本を扱ったが）。

その本を読む人の人生にとって、不可欠なつぶされかたをするのだろう。見た目も「美しい」が、本の在り方として美しいのだ。わたしの好みでいえば、裸の岩波文庫が最高である。わたしは生涯にそのような一冊を望んだが、しかし、ついに一冊もなかった。わたしの本との関わり方がやはり薄かったのである。

第2章 読書の「守」

――不自由な読書だった

やはり基本を読まなければな、という強迫観念

数年前、テレビ朝日で有吉弘行とマツコ・デラックスがやっていた「怒り新党」という番組があった（いまはタイトルが「かりそめ天国」となってつづいている）。わたしはそのなかの「新3大○○調査会」という企画が好きでよく見ていたのだが、それとは関係なく、ある日の回で、視聴者から（四十代の男だったと思う）「やはり文学の名作は読まなければいけませんか」という質問がきたことがあった。「夏目漱石の『こころ』とか読んだほうがいいのでしょうか」というようなことだったと思う。

有吉とマツコがなんと答えたかはもう覚えていない。おれたちも読んでないよ、といったような気もするが、あやふやである。あやふやなことは書かないほうがいい。四十になっても、こんな疑問を持つとは、しかもそんなことを人に相談するとは、どんな男なのだと思うが、おそらく日頃から本は読まない男にちがいない。本好きなら、四の五のいわずに、『こころ』ぐらいはとっくに読んでいるだろうから（そうでもないか）。

「やはり文学の名作は読まなければいけませんか？」。しかしこんな疑問は、ふつうの生活者にとっては問題になることではないだろう。本を読むことじたいが問題にならないはずである。本を読む人間にとっては、本を読まない人がいるということ自体が信じられな

いが、反対に、本を読まない人間にとっては本を熱心に読む人間のほうがヘンなのである。湊かなえや村上春樹の名前は知っていても（知らないか？）、ふたりの本を読んだことはないという人はざらにいる。むしろその方が大多数である。

　でも、本を読まない人間でも、ある本が世間的な話題になったりすると、気にはなる。最近では吉野源三郎の『君たちはどう生きるか』がそうだった。またテレビ番組でだれかが紹介したのだろうと思ったが、まあ売れに売れたようである。それでも活字は嫌で、漫画版のほうが売れたというのはいかにも本嫌いの現代らしい。

　これなどは、ふだん本なんか読まない人たちが、ちょっと読んでみようかな、読んだほうがいいのかな、と思ったのではないか。そのものがなんであれ、話題や評判になったものには無関心ではいられない、というのが、大衆だからである。わたしもまた矢部太郎の『大家さんと僕』は評判になっていたから、笑福亭仁鶴の口真似で、どんなんかなあ？と思って買った。前から矢部太郎を好ましく思っていたこともあるのだが。

　だから、ふだん本を読まない人間にとっても、話題の本を読んでみようか、と思ったり、なんかの拍子に、名作といわれるものはやはり読んだほうがいいのか、と思うことはありうる。わたしの場合はというと、事情はすこしちがう。二十代半ばで本を読みはじめた頃、文学評論ばかりを読んでいて、肝心の文学（小説）を読んでいないということに気づいたのである。それで司馬遼太郎や伊丹十三や北杜夫はさておいて、島尾敏雄、高橋和巳、井上光晴、大江健三郎、三島由紀夫、椎名麟三、日野啓三、安岡章太郎、小川国夫、古井由吉、小島信夫など現代文学を少しずつ読んではいた。

　それでもなにか不全感がある。基本がなってない、定石がわかっていない、という欠落感みたいなもの。こういうふうに感じはじめたら、それは正統性への憧憬を意味しているということかもしれない。それが名作とか名著といわれるものである。わたしは「名作」は文学、「名著」は哲学・思想というふうに考えるが、わたしには「名作」がまったく欠けていたのである。「やはり名作は読んだほうがいいのでしょうか」ではなく、当然、読むべきもの、読まなければならないものだったのである。

　それらが、こんなすごい本があるのに、それを読んでないとは何事だ、読めば人間のなんたるかがわかるぞ、と誘惑する。おまえはこんな大事なものを忘れとりゃあせんか、これを読まないでなにが本好きか、最優先で読め、と脅迫する。まあわたしの一人芝居なんだけどね。それにしてもこれまたどこから手をつけたらいいのかわからない。まあそのうちに、と延ばし延ばしにしていた。べつにいまでなくてもいいではないか、と。言い訳してなにもしない人間の心理である。

現在、評判になっている本をいくら読んでも、つねになにか忘れている気がする。それが日本の名作文学であることはわかっていた。だが、あまり気が進まない。同時代小説でもすべてが読んで「おもしろい！」というわけではなく、それが名作文学となると、いかにもおもしろくない予感がするのだ。しかしつべこべいっていてもしかたがない。はっきり意識して、「名作」を読み始めた。

本を読むのに、だれもが守らなければならない「規矩《きく》作法」などない。あるよ、という人もいようかと思うが、一般的には好きに読めばいいのである。わたしが読書の横道から入ったように。だが、わたしはやはり「名作」を読まねば、と思ったのである（これが「規矩作法」？）。これは遅ればせながら、わたしの「守破離」の「守」だったかもしれない。「破」で横合いから読書の道に入ったものが、根本的な欠落感に促されて、あらためて「守」の読書から入りなおしたといっていい。

日本文学は通勤電車のなかで

わたしは二十八歳のとき、千葉の幕張のアパートに住んだ。総武線でお茶の水にあった会社まで通った。片道四十分くらいだったか。その電車内の往復で日本文学の名作を読むことにしたのである。通勤ラッシュの時間帯だが、その頃の総武線はかろうじてまだ文庫本を小さく開くだけの余裕があったのである。

最初に読んだのは芥川龍之介だった。薄い本が多かったから読みやすいと思ったのだろう。文学となると岩波文庫では硬すぎて、新潮文庫にした。『羅生門・鼻』『蜘蛛の糸・杜子春』『侏儒の言葉・西方の人』などを読むと、もう芥川はいいかなと勝手に切り上げ、次に夏目漱石にいったりした。芥川には短編にいいものが沢山あるのだが、短編など読んでいる場合ではないと思った。とにかく主著を平らげること。

夏目漱石はお決まりの『吾輩は猫である』『坊っちゃん』を読み、『三四郎』『それから』『門』『道草』『こころ』『明暗』と一通り読むと、もう「漱石はこれでいいかな」と早くも終わった気になった。後年、岩波書店の新書版・函入りの漱石全集を買った。単行本全集とおなじきれいな柄の布装で、本として欲しくなったのである。太宰治は最初に読んだ『晩年』がいきなりおもしろくて魅入られた。太宰は好きで、『二十世紀旗手』『津軽』『走れメロス』『斜陽』『グッド・バイ』『人間失格』などを読んだ。太宰は読みやすかった。それでも漱石や太宰でさえ、短編まで網羅するところまではいかなかった。まだまだ読まねばならない「大作家」たちが後に控えていたからである。

　森鷗外は『山椒大夫・高瀬舟』『阿部一族・舞姫』あたりでやめたような気がする。『青年』『ヰタ・セクスアリス』『雁』は読んでいない。史伝も『渋江抽斎』は読んだが、『伊沢蘭軒』『北条霞亭』（この二つは文庫になっていなかったが）は読んでいない。鷗外は漱石ほど重視しなかった。世間的評価に惑わされていたのである。

　こういう調子で、ほかにも谷崎潤一郎、川端康成、中島敦、梶井基次郎、泉鏡花、国木田独歩、志賀直哉、永井荷風などを広く浅く読んだ。いずれも一冊二冊、多くて数冊程度だ。あとは落穂拾いのように、新潮社の文庫目録にしたがって、二葉亭四迷、高山樗牛、内田百閒、幸田露伴、島崎藤村、石川淳、佐藤春夫、徳田秋声、樋口一葉などをやはり一、二冊ずつ読んでみた。

　吉本さんのお気に入りの高村光太郎と宮沢賢治も読んでみたが、ほかの文学者たちに比べて、それほどおもしろいとは思えなかった。これはしかたのないことである。なんにでも「合う・合わない」はある。『源氏物語』『枕草子』『伊勢物語』、井原西鶴、芭蕉などの古典はすっぽり抜けたままだったが、それでもなんとなく日本文学の名作はあらかた読んだ気になった。まあ許してやってください。幕張には二年間住んだ。日本文学の名作を集中して読んだのは、この期間だけである。そしてなんとなく日本文学に関しては欠落感はなくなり、やっと人並みになった気がしたものである。

　では、日本文学の「名作」を読んでみて、どうだったのか。やはり「名作」だ、同時代小説や娯楽本では経験のできなかった感銘を受けたよ、ということだったのか。もちろん大衆娯楽本を読んだときのようなおもしろさや楽しさはない、ということはわかっていた。文学の「おもしろさ」は別である。それはなんだ、といわれると、「そう急にいわれても……」と口ごもる「プレバト!!」の梅沢富美男みたいになって困るのだが、文学のそういう「おもしろさ」というのはたしかにあるのである。

　それはたとえば、『阿部一族』であり『晩年』であった。『道草』であり『名人伝』であった。ときにそれは「感嘆」であり、ときに「深重」であり、ときに「沈思」というようななにかだった。これをきちんといえなくてはだめなのだろうが、なんか心が驚き、感心し、考え込み、沈み込むようなこと、としかいえない（だからといって、文学をことさらに持ち上げるつもりはない）。

　まあそれがどんな意味であれ、それ相応のおもしろさがなければ、文学を二年間も読み続けることはできなかったはずである。だが困ったことに、多くのものは期待以上のものではなかった。だいたいの「名作」は退屈であった。それでどうしたのだ、というものも少なくなかったのである。次こそは、次こそは、と期待して読みつづけ、これはおもしろい、と思ったときは、なんだか得をした気分だった。

名作は誘惑する

人は文学の「名作」ということで、勝手に過大なイメージを持つ（持たされる）。それにまた、その「名作」を書いた作家が「文豪」「大作家」と持ち上げられる（日本人は、「大御所」だの「レジェンド」だのが好きだね）。わたしたちは、どんなすごい小説なのだ、と思わせられてきたのである（「文豪」もどんな大人物かと錯覚させられてきた。ほとんどの場合、「ただの男」でしかなかったが）。娯楽小説や大衆小説ではお目にかかることができない。ここにはまだあなたが読んだことのない人間に関する真実、が書かれているのだよ、と世間の評価が誘うのである。本自体は誘惑しない。

これまで何種類の日本文学全集が編まれてきたことか。わたしの学生時代、つまりいまから五十年前には日本文学全集、世界文学全集がいろいろな出版社から競って出されていた。簡単にいえば、それに収録される作品が「名作」として定着してきたのである。最近では河出書房新社の『日本文学全集』が二〇一四年から刊行されている。まだ刊行中か。池澤夏樹の個人編集で作家のラインアップも個性的である。福永武彦、日野啓三、開高健、須賀敦子、石牟礼道子などが入っていて、新たな「名作」が生まれている。

いわゆる文学の「名作」を読んで素直に、これのどこがいいのだ？ と思う人間は、ある疑問に直面することになる。つまり、なんでもいいのだが、たとえば漱石の『こころ』を読んでおもしろくなかったとする。いや、おもしろくないこともないが、なんだかよくわからん、と思う。ほとんどの「名作」の場合、そうなるのだけどね。すると、おかしいな、おれは文学が読めないのか、と思ったりする。つまり、おもしろいと思えないと、自分を責めるのである（本読みはいやらしい。おまえは本が読めてない、おれは読めてるぜ、ということをいったりするのだ）。

でなければ、なぜこの『こころ』がいままで「名作」とされてきているのかがわからないからである。いったい、だれが「名作」としたのか？ と思うが、それはもうわからない。が、この日本ではずっとそういう評価が定着していて、とにかく「名作」と決まっているのだ。だが、どうしてもそうは思えない。これはそれほどの作品ではないのではないか、少なくともおれには合わない、と思ってしまうのは読み手の勝手である。勝手だが、そのことを公表するとなると、勇気がいる。

「名作」がおもしろくない、わからないということは、日本（これまで評価されてきた伝統）vs.おれ（個人の好き嫌い）の対立となり、日本相手に、おれが勝てるわけがないのである。つまり個人がどう思おうと、どういおうと、「名作」という評価は揺るがない。だから世間的評価はそのままでかまわない。しかし同時に、個人的評価を捻じ曲げることもできない。そうでなければ、小説を、「名作」を、この「わたし」が読む意味がない。

世界文学の名作はいつ読んだだろうか。日本文学を大方読み終えたあとだったような気もする。おぼろげなのは日本文学みたいに短期集中的に読んだわけではないからだろう。三十代をかけてぼちぼち読んだはずである。世界文学は日本文学に比べて、どうしても読まねばという強迫観念にあまり襲われなかった。あとでまたふれることになると思うが、けっこう適当だった。

名著は脅迫する

「名作」も「名著」もほぼおなじ意味だといっていいが、わたしは勝手に「名著」を哲学（東洋も西洋も）のことだと考えている。中央公論社の「世界の名著」のイメージが強いのかもしれない。で、「名著」への憧れは、「名作」の比ではなかった。哲学の名著は、ここには人類の英知が詰まっている、並みの人間では及びもつかない、物事を考える上での筋道（論理）の作り方が備わり、正しい認識と判断をすることが可能になるよ、と誘うのである。もちろん、プラトンもカントもヘーゲルも誘わない。わたしが勝手に誘惑されるのだ（そうしむけるのは世間だが）。

たとえばホワイトヘッドの科学哲学なるものがあった。ホワイトヘッドという名前もすごいが、科学哲学という名称もすごかった。正反対のものが一緒になっている。なんなのかね？　と思った。主著に『過程と実在』という本がある。とんでもなく難しいらしい。それを学べばどんな能力が付くのかと畏怖した。おれも一生懸命哲学を勉強すれば、いつか『過程と実在』が読めるようになるのだろうか、と想像した。無謀だった。結局、ホワイトヘッドは一冊も読まなかった（読もうとしても、読めるはずがなかった）。哲学を一生懸命勉強するということが、どんなことかまったくわからなかったのだ。

「名著」は脅迫する。読まないと、損をするぞと。いや、名著それ自体は脅迫しない。インテリのなかにたまに、世界の名著を読まない奴は話にならない、というようなことをいう者がいる。かれらが脅迫するのである。ちょっと古い本で恐縮だが、柄谷行人が以前このようなことをいっていた。

われわれは今、教養主義を復活させようとしているのではない。現実に立ち向かうために「教養」がいるのだ。カントもマルクスもフロイトも読んでいないで、何ができるというのか。わかりきった話である。われわれはサルにもわかる本を出すことはしない。単に、このリストにある程度の本を読んでいないような者はサルである、というだけである。

（柄谷行人他『必読書150』太田出版、二〇〇二）

さらに柄谷はこういっている。「われわれのブックリストは、これを読んだらだいたいわかるというものではない。むしろ全然わからなくなる（笑）。それでいい」。これに渡部直己が「それまでわかっていたつもりのものが、このリストのうちの、とくに人文系の一冊でも本気で読めば、地雷を間違って踏んでしまったように、よい方向にわけがわからなくなる。それでいいわけですね」などと柄谷におべっかを使っている。ふたりともなにをいってるんだか。

で、その「ブックリスト」だが、人文社会科学五十冊、海外文学五十冊、日本文学五十冊の古典が挙げられている。もう一々のタイトルは挙げない。百五十冊も無理である。新味もない。あまり関係ないが、渡部直己は二〇一八年、早稲田大学でセクハラ事件を起こし、解任された。ここに挙げられた「ブックリスト」の本を読もうが読むまいが、どんな人間になるかの保証はまったくないことがわかる。

　柄谷もいまさらこんな古証文みたいな文章を引かれて迷惑だとは思うが、それはしかたがないのである。なにしろ書いちゃったもんね。柄谷の挑発も、あまりうまい挑発ではないなあ、と思った。芸がなさすぎる。よおし、おれはサルにはならないぞ、と一念発起して、このブックリストに従って、全部読もうとした読者はいないだろう（いるか？）。むしろ、えっらそうに、なにいってやがる、という反応しかなかっただろう。読んだとしても、その結果はわかる。途中で挫折するか、読み通したとしても、なにを読んだかわからない人が大半だろう。「それでいい」の、どこがいいのか。

　わたしは、この本を読んだ頃には、すでに名著の呪縛から解放されていた頃なので、どいつもこいつも適当なことをいってるなあ、とまともには読まなかった。それで正しいのである。わたしは若い人に、この『必読書150』を参考にしなさい、というつもりはまったくない。こんなもの読まなくても大丈夫である。ただ、このように脅迫をする人間がときおり出現するから要注意、ということである。脅迫されて、自分で無用な強迫観念にとりつかれるようなことのないように。

しかし、まあ当たって砕けろ、という意味で、「名著」に当たってみても悪いことではない。若いうちはね。文学（名作）なら読むことはできる。なんといっても小説だから（わけのわからないものもあるが）。だが哲学の「名著」は簡単には読めない、なかには到底読めない、ということがわかるだけでもいい。

このときもいまも、柄谷にはあまりいい感じがない。佐藤優がやたら柄谷を評価しているので、そういうものかねえ、と思うが、もういまさら柄谷の著作を新しく読みなおす気はない。わたしは『畏怖する人間』『隠喩としての建築』『探究』『マルクスその可能性の中心』『日本近代文学の起源』を一生懸命読んだものである。柄谷の題名はカッコいいのである。『トランスクリティーク――カントとマルクス』まで読んだ。そしてわたしは自分の頭の悪さを呪ったものである。

雑誌「文學界」の「死ぬまでに絶対読みたい名著」

この『必読書150』が出たのが二〇〇二年。今から十八年前である。ところが一昨年、文芸雑誌「文學界」（文藝春秋）が突如なにを思ったか、「死ぬまでに絶対読みたい名著」という特集をした（二〇一八年四月号）。「人類の遺産である不朽の名著を、第一人者たちがわかりやすく手ほどきする」というのである。「死ぬまでに絶対行きたい世界の絶景」だの「観ておきたい世界の絵画」だの「観ておきたい映画」だのと、「死ぬまでに」のタイトルが流行り、本も売れていたらしいので、それのあやかり企画なのか。

　ともあれ、数多ある「不朽の名著」のなかからひとりの学者が一冊を選び、その解説をするという趣向である。ラインアップは中島義道の『ツァラトゥストラ』（ニーチェ）、松本卓也の『精神分析入門』（フロイト）、仲正昌樹の『全体主義の起原』（アーレント）、大澤真幸の『社会契約論』（ルソー）、石田英敬の『監獄の誕生　監視と処罰』（フーコー）、苅部直の『忠誠と反逆』（丸山眞男）、小林敏明の『善の研究』（西田幾多郎）、そして若松英輔の『無常という事』（小林秀雄）である。合計八冊とわりと少ない。後半の四冊が目新しいといえば目新しい。

　しかし、一目見て、うんざりする。「わかりやすく」書かれたはずの解説も、それを読もうとするだけで消耗する。若い人は一生懸命読もうとするだろうが、もう怠惰な老人にはその気力がない。で、結局、どの論考も斜め読み。なかにはまったく読まないものもある。いったいだれに向けて「絶対読みたい」といっているのか。石田英敬だけが読者を意識して、もしあなたに死が近くなったとき、「嗚呼やはりこの書（『監獄の誕生』）だけは読んでおくべきだった」と後悔することがないように、いま「この書を読んでおくように強く推奨」する、と書いている。

折角だが、お断りする。三十代、せめて四十代あたりまでだったら、わたしにもその気力もあっただろうが、今となってはとても無理。いや、八十になってもこのような本を読む人はいるだろう。しかし、わたしは現在七十二だが、もうその気はまったくない。死が近くなったという自覚は以前よりも強いが、それでも『監獄の誕生』はきつい（それとも、だまされたと思って読んでみる方がいいか。ほんとの名著かもしれない）。それにこれはただの修辞だとはわかっているが、「絶対」読むべき本など、世の中にはない。

世界のエリートのための新しい名著

いま名著の勧めは、経営の分野からもなされている。世界的な芸術大学や美術館企業が続々とビジネスマンのためのプログラムを開講し、それを世界的大企業の幹部社員たちが受講する風潮が高まっているというのである。論理的・理性的スキルだけで経営を考えるには限界があり、いまや直感的・感性的スキルが必要とされるようになったということらしい。ＭＢＡ（Master of Business Administration　経営学修士号）よりも、ＭＦＡ（Master of Fine Arts　芸術修士号）の重要性が指摘されている。

『世界のエリートはなぜ「美意識」を鍛えるのか？——経営における「アート」と「サイエンス」』（光文社新書、二〇一七）で、著者の山口周はこのようにいっている。「様々な要素が複雑に絡み合うような世界」では「要素還元主義の論理思考アプローチは機能しません。そこでは全体を直覚的に捉える感性と、『真・善・美』が感じられる打ち手を内省的に創出する構想力や創造力が、求められることになります」。

そして、現代のビジネスパーソンにはその「『真・善・美』を判断するための『美意識』が求められ」ており、旧態依然とした価値観に縛られている日本の会社員とはちがって、世界のエリートたちはその美意識を鍛えているというわけだ。そこで山口が推奨する美意識の鍛え方として「絵画を見る」こと、そのほかに「哲学に親しむ」こと、「文学を読む」こと、「詩を読む」ことが挙げられているのである。「絵画を見る」ではＶＴＳ（Visual Thinking Strategy）なる「見る力」獲得の方法が紹介されているが、これは割愛。

誤解を恐れずに言えば、海外のエリート養成では、まず「哲学」が土台にあり、その上で功利的なテクニックを身につけさせるという側面が強いのに対して、日本では、土台となる部分の「哲学教育」がすっぽりと抜け落ちていて、ひたすらにMBAで習うような功利的テクニックを学ばせているという印象を持ちました。

「欧州のエリート養成学校では、特に『哲学』に代表される『美意識の育成』が重んじられてきた」。例えばオクスフォード大学の「看板学部は『PPE＝哲学・政治・経済学科』です」。フランスでは「リセ（高等学校）最終学年の哲学教育と、バカロレア（大学入学試験試験）における哲学試験です。文系、理系を問わず、すべての高校生が哲学を必修として学び（略）」とあるように、哲学の重要性が語られる。そういえば、もうずいぶん昔にポール・フルキエの『哲学講義（全二巻）』（ちくま学芸文庫）が出版され、これがリセの哲学教科書だと知ったときは、たしかに驚いたものである。

哲学によって、「その時代に支配的だったモノの見方や考え方に対して批判的に疑いの目を差し向ける」ことを学ぶ。さらに「無批判にシステム（自分の所属しているシステム……引用者注）を受け入れる」という「悪」に染まることなく、「懐疑的に批判するスキル」を身に付けること。そしてまた、自分にとっての「真・善・美」を明確にするために、文学を読むこと。そうでなければ「偏差値は高いけど美意識は低い」人間になってしまう。そして、その美意識の低い人間に「共通している」ことは「文学作品」を読んでいないことだ。

　山口のいうことに一理はある。次のような考えにも賛成である。「自分たちが生を営んでいるこの世界はロクでもないものだということを知りつつ格闘しながら、それをどのようにしてより良いものに変えていけるかを、あきらめずに考え続けること、希望を失わないことが大事です」。世界は、表面的には立派なお題目が唱えられていながら、実態は「ロクでもないもの」に満ちている。もう希望はない。だがしょうがない。希望はなくても、ふて腐れることなく生きていくことである。

　が、それにしても「世界のエリート」ってだれのことだ？「欧州のエリート養成学校」が、日本人となんの関係があるのか。新たな啖呵売《たんかばい》か？ 西洋人にわれわれに稀少な美徳があるのは一部認めてもいいが、同時に、ロクでもないやつも少なくないではないか。はっきりいえば、相当に多いではないか。ところが一冊あたると似たような本が出てくるもので、ほかにも岡崎大輔『なぜ、世界のエリートはどんなに忙しくても美術館に行くのか?』（二〇一八）、小川仁志『世界のエリートが学んでいる教養としての哲学』（二〇一八）など出ている。が、もう読まないでいいでしょ。

古典は決まり文句で飾られている

名作・名著に古典といわれるものがある。その時々の時代の評価に左右されない、歴史的評価の定まった名作・名著のことである。ただ一般的に名作・名著といえば古典を意味し、古典といえば名作・名著を意味する。齋藤孝が『古典力』（岩波新書、二〇一二。もう「〜力」「〜力」がうるさいが）で、このようにいっているとおりである。古典は「思想・哲学科学等さまざまな領域で人類の遺産と呼べるような著作のこと」、すなわち「歴史の中で評価され、現在もその価値を失わないもの、人々によって偉大さを認められたもの、時代を画する意義を持ったもの。そうしたものが古典である」。

それはいいのだが、なぜ古典を読むのか（読まなければならないか）について、齋藤孝はこのようにいっている。古典を読まないと「どんどんやわらかい食べもの（読みもの）へと流れていく。すると、いっそうかむ力は弱くなり、アゴも小さくなってくる。これが進めば、離乳食のようなやさしい文章しか受けつけなくなる」。

ところが「古典を読むと、本を読みくだく『読むアゴ』が鍛えられる。少々の難解さや退屈さには耐えることができるようになる。この、アゴのトレーニングを人生のどこかの時期に行なうことで、生涯『精神の栄養』には不自由しなくなる」。

　これは正論ではあろう。しかし、いささか形式的でもある。「読むアゴ」はそうそう鍛えられない。ただ名著に物怖じすることはなくなる。また齋藤は「『古典の素養がある』というのは『教養がある』ための必須条件でもある。世界中の様々な古典に関して一通り知っていることで世界観が広がる」というが、いや、そう簡単には広がらない。

　齋藤先生は「古典力」ということを強調したいがために、あまりにも効能を過大に強調しすぎであると思われる。「人生のある時期に集中的に古典に触れておくことは、生涯にわたる財産となる」。自分の好き嫌いだけで本を読んでいると「世界が狭くなり、判断基準が偏りがちになる」。しかし古典は「世界を広げ、判断基準を柔軟にしてくれ」、人間の「成熟につながる」。

　これらは多分に建前的である。わたしも古典にこのような効果を期待したのだが、あまり「財産」にはなっていない。ただ、それはわたしの経験だからなんの説得力もないわけではあるが。で、齋藤は読者を世界の名著に誘おうと、「古典を読むための十カ条」として、「さかのぼり読み」だの「パラパラ断片読み」「我田引水読み」「つかり読み」（普段の価値観をカッコにいれて、作品世界にどっぷりつかる）「クライマックス読み」「演劇的音読」「バランス読み」「マイ古典の森をつくる」だのの読み方を提示しているのだが、これらすべては適当な思い付きにすぎない。一生懸命に考えたのだろうけど。

齋藤は世間的な古典とは別に、「絶対的な価値を持つ作品は『マイ古典』といえる」といい、「自分自身にとっての古典」を持つことを勧めている。それが「マイ古典の森をつくる」である。これはそのとおりで、正しい。結局、自分にとっての名作・名著を見つけるのが大切である。みうらじゅん流に「マイ古典」などといわずとも、この本は断然いい、人がなんといおうが、おれは好きだ、と思うことは多々ある。読書の楽しみはつまるところそれだけだ、といいたいほどである。

そこで齋藤孝は自分の「マイ古典」五十冊を推薦している。以下の通りである。『カラマーゾフの兄弟』『源氏物語』『千夜一夜物語』『百年の孤独』『嵐が丘』『ファウスト』『ドン・キホーテ』『方法序説』『星界の報告』（ガリレオ）『社会契約論』『共産党宣言』『種の起源』『学問のすゝめ』『生物から見た世界』『精神分析入門』『旧約聖書・新約聖書（福音書）』『古事記』『オイディプス王』『ギリシア・ローマ神話』『史記』『万葉集』『論語』『饗宴』『福翁自伝』『フランクリン自伝』『徒然草』『枕草子』『おくのほそ道』『ゴッホの手紙』『阿Q正伝』『罪と罰』『変身』『赤と黒』『ブッダのことば』『マクベス』『監獄の誕生』『プロテスタンティズムの倫理と資本主義の精神』『マネジメント』『風姿花伝』『君主論』『悲しき熱帯』『きけ　わだつみのこえ』『平家物語』『「いき」の構造』『存在と時間』『死に至る病』『武士道』『五輪書』『ツァラトゥストラはこう言った』『夜と霧』。

　個人の独自の判断で「名作・名著」を決めるのはある意味必然である。その時代時代の名作・名著というものがあるのもふつうのことである。マンガでも、齋藤孝は『巨人の星』『あしたのジョー』『スラムダンク』などは「古典の地位を得ている」といっている。「古典」かどうかは知らないが、たしかに「名作」ではある。ＮＨＫ Ｅテレの番組「１００分de名著」も独自路線である。世に名著好きは多いようで、この番組には一定数の視聴者がついているようだ。テキストも売れ行きはかなり好調なようである。

　「１００分de名著」にはいわゆる古典も入っているが、その他に『アルプスの少女ハイジ』『風と共に去りぬ』『薔薇の名前』『松本清張スペシャル』『アンネの日記』『星の王子さま』『遠野物語』などが〝新名著〟として入っており、わたしも気になって『人生の意味の心理学』と『良寛詩歌集』のテキストを買った。その効能は定かではないが、それでも名作・名著に「敬意」を持つのは自分の読解力と頭の限界を知っているからである。

齋藤孝は「マイ古典」の五十冊だけでは不十分だと思ったのか、「おまけのプラス五〇選」を追加している（その内容は第4章の「名著は自分で発見するもの」で紹介する）。齋藤は『古典力』の「あとがき」でさらにこのようにいっている。

「古典は、苦しいとき、迷ったときにこそ、力を発揮する。自分の心の中でだけ、ぐるぐると回っていても先が見えにくい。そんなとき、古典の言葉は深く入ってきて、拠りどころになってくれる」「死を意識しつつも、暗くならず、前を向いて生きていく力を古典は与えてくれる」。齋藤はまじめな男だと思うが、これらの言葉はやはりおざなりである。つまりあまりにも形式的である。

ちなみに元ライフネット生命社長で、現在は立命館アジア太平洋大学学長の出口治明は「ビジネス書を10冊読むより、古典を1冊読むほうが、はるかに得るものが大きい」といっている。なぜなら「時代を超えて残ったものは、無条件に正しい」から。ただ「古典は難しく感じる」ものだが、それは「時代背景が違うから」だ、といっている。わたしの考えはこうである。「時代を超えて残ったものは、無条件に正しい」ということはない。普遍的にも個人的にも。それは、ものによる。

わたしは本の世界に人より十年遅れて参入した。最初こそ自由意志で読みたい本を選んで楽しかったが、ご覧のとおり、読書の世間的価値やしきたりにとっつかまってしまった。もちろんそれまでも自分の意志だったといえばいえるが、名作や名著や古典に縛られて窮屈な読書であった。だがそれは、読書に魅入られた者だれもが経験する、不可避的な不自由だったのかもしれない。「守破離」の「守」だったと考えればいい。

第3章　読書の「破」

——名著と格闘する

やっぱり名著といえば哲学だ

名著といえばやはり哲学である。そして期待度（切迫度）からいえば、わたしは名作（文学）よりも、名著（哲学）の修学をより欲した。問題の発見、論理的思考、本質を見抜く能力、的確公正で明晰な判断、こういった能力が身につくのではないかと期待したのだ。それになにやら、弁証法という魔法の思考術みたいなものもあるらしいではないか。文学の名作のときみたいに、この日から総武線のなかで読み始めよう、と決めたわけではない。なんとなく、だらだらと始まった、ように思う。三十歳前後だったか。哲学といえば、やはりギリシア哲学からはじめるべきだな、と思った。

ちょっと待て。そう焦る前に、一応西洋哲学史みたいな概説書を読んで、哲学の大まかな流れみたいなものは摑んでおいたほうがいいのではないか。と思うのがふつうだろうが、そんな順序を踏むのがまどろっこしかった（いま考えれば、シュヴェーグラー『西洋哲学史』でも読めばよかった）。とりあえずぶつかってみよう、というわけで、参考にしたのはもちろん岩波文庫である。ギリシア哲学を皮切りに、それが終われば、そこに載っている名著を可能なかぎり全部読んでみようと思ったのである。

のちに「全部」読むなど、とんでもなく無謀なことだとわかるのだが、そこに名著が並んでいれば、「全部」読もうと思うのは、わたしにとってはなんの迷いもなく、あたりまえのことだった。

大学時代、英語はＮＨＫのラジオで勉強した。講師は今は亡き松本亨。二十代半ば頃、なにを考えたか、独、仏、西、伊語も簡単な会話ができるようになりたいとテキストを買い、ラジオを聞いた。わたしにはどうやらなんでも網羅したい、という欲求があるようなのである。しかし、滅法飽きやすい性格ときてる。四月から始まったラジオ講座は、いつも七月ごろに挫折した。翌年四月になると、また懲りずに五か国語を始める。こんなことを三年ほど繰り返し、やめた。

結局、簡単な挨拶や自分の名前をいう程度の言葉しか覚えていない。いま何時ですか、とか、お座りください、などどうでもいいことはいまでも覚えているが、なんの役にも立ちはしない。肝心の英語も中学程度の会話力に終わった。だが五か国語を勉強したいというのはかなり本気だったのである。三、四か月くらいしかつづかなくて本気もないものだが、全部やってみたいという気持ちだけはあったのだと、その点だけは自分を許している。その、やるなら全部、の癖が名著にも出た。やるからにはできるだけ全部読んでみようと思ったのは、わたしにはごくふつうのことだったのである。

いま手元に二〇〇二年度の岩波文庫解説目録がある。当時使用していたのとは当然ちがうが、基本的な部分は変わっていないだろう。目次を見るとまず最初に「日本思想」があり、つぎに「東洋思想」がある。「仏教」「歴史・地理」「音楽・美術」とあり、そのつぎが「哲学・教育・宗教」となっている（このあともいろんな分野がつづく）。「哲学・教育・宗教」の内容をみてみると、ギリシア哲学、フランス哲学、ドイツ哲学、英米哲学の順になっている。試しに『資本論』を探してみると、これがない。いやいや、そんなわけはなかろう。当時も文庫であったのは知っているぞ。

そのあとの頁もめくっていると、「自然科学」「日本文学」「現代日本文学」のあとに「法律・政治」「経済・社会」とあって、『資本論』はその「経済・社会」に入っていた。ヴェーバーの『プロテスタンティズムの倫理と資本主義の精神』もそこに入っており、マキアヴェッリの『君主論』やロックの『市民政府論』は「哲学・教育・宗教」のなかだ。はあ、こういうふうに分けられていたのか。もう昔のことで忘れてしまっていた。まあそんなことはいい。いずれにせよ、やはり最初はギリシア哲学からだろう。

そのころは、日本文学名作読破の旅もほぼ終わり、文芸評論のほか、中上健次や村上龍などの現代の小説を読んでいたころだと思う。一方で、立原正秋も読んでいた。ほんとうをいえば中上や村上より、立原のほうが好きだったのである。『冬の旅』や『剣ケ崎』などのリリシズムがよかったのだ。しかし、根本（哲学）のところを読んでいないという気がずっとしていた。いったいわたしはなにが不服で、なにをしたかったのか。

人間の思考の根本を知りたいもへちまもあったものではない。小さい会社に勤める一会社員にすぎないではないか。いったいギリシア哲学がなんだというのか。そのまま中上健次や立原正秋を読んでいればよかったじゃないか。だが、もうしかたがないのである。読むと決めたのである。こうして哲学に対する迷妄の旅が五十歳くらいまでつづいたのである。ばかげたことだが、しかたなかったのである。そういうふうな生活だったのだ。

プラトンからの長い迷路

ということで、まずはプラトンを読み始めた。まずは、などと、いかにも知っているかのようだが、名前だけである。『ソクラテスの弁明・クリトン』『パイドン』『饗宴』などである。『国家』は上下二巻で難しそうだったから後回しにして、結局読まなかった。しかし『ソクラテスの弁明』その他だって、なにを読んだかは心もとない。読んだことは読んだが、なんの手ごたえもなかった。ふーん、で、それがどうした？　といったところか。

ようするに、なにがなんだかはっきりしなかったのだろう。しかし、なにがわかれば、わかったといえるのか。

ただ、それでもこの三冊だけでプラトンはもういいなという気分になり（ここでも、二、三冊だけで一作家を終えた日本文学方式だったんですな。いかにも哲学を舐めている）、次はアリストテレスの『ニコマコス倫理学（全二冊）』にとりかかった。とりかかった、というのも生意気だが、しかし、これは上巻さえ読み通せなかった。どうもいきなりの腰砕けである。結局、ギリシア哲学はどうも性に合わなかった。むしろ後年読んだ、セネカの『人生の短さについて』や『怒りについて』のほうがおもしろかった記憶がある。弱ったね。調子が狂ってしまった。

硬い本は第1章でふれたように、以前に精神分析の本をいくらか読んだ経験があるから、文章の「硬さ」ということに対するアレルギーはなかった。R・D・レインの『自己と他者』『引き裂かれた自己』『結ぼれ』は真剣に読んだ。ベッテルハイム『自閉症・うつろな砦』、ユング『ユング自伝』、テレンバッハ『メランコリー』、E・H・エリクソンの『幼児期と社会』までは読んだ。河合隼雄の本は好きだった。

ピアジェも読んだ。タイトルは忘れたが、小さな本だった。メラニー・クラインは読もうと思って時期を逸した。ところがミンコフスキー『精神分裂病』、ビンスワンガーの『現象学的人間学』、ブランケンブルクの『自明性の喪失——分裂病の現象学』となると、買ったはいいが、もう歯が立たない。『フロイト著作集（全十一巻）』は持っていた。わたしはこれらの本を読むことで、いったいなにをしようとしたのか。まともに読めもしなかったのだが、わたしは、自分の破滅しようとする精神を自分なりに理解し、治癒しようとしていたのだと思う。

話がそれた。哲学を読まねばと思ったころには、右のような精神分析関係を読んだ（読めていないが）時期はあらかた終わっていた。しかしまだ興味は残っていて、難解なことで有名なジャック・ラカンの『エクリ1』『エクリ2』を買ったのはこのあとのことである。これが高かった。二冊で一万円以上したのではないか。いつかこの二冊を読んでみたいと思ったのだが、とうてい素人が手を出せるような代物ではないと知ったときには後の祭りだった。これもまた古本屋行きになった口である。

プラトンでいきなり躓いた。とも思っていない。次はだれにしようかと思った。いかにも哲学らしい哲学のほうがいい。選んだのはハイデガーである。なんの脈絡もないのである。こういうところに無学の独学者の哀れ、が出ているなあ。この本も兄が持っていた。

青い装丁の本だった記憶があるから、たしか河出書房の「世界の大思想」シリーズだったはずである（もう一冊は前にもふれた『パスカル』である）。

ハイデガーの中身はもちろん「存在と時間」である。最初から必死に読んだ。「世界内存在」とか「現存在」とか「気遣い」とか「投企」とか、単語の理解からして閉口した。なんかまどろっこしいのお、簡潔にビシッといってくれんものか、と思った。ビシッといえるものではないのか。結局、あきらめた。前途多難である。ちなみに最近、筒井康隆『誰にもわかるハイデガー――文学部唯野教授・最終講義』（河出書房新社、二〇一八）を読んだ。「誰にもわかる」というが、依然としてわからなかった。もしわかったとしても、だからなんなのだ、という気がした。

『資本論』を読破したやつはいるのか

マルクスの『資本論』は、学生時代に向坂逸郎訳の岩波の単行本の第一巻を買った。全四巻だった。そのうち全巻揃えるつもりだったが、金の余裕もなく、買う勇気もなく、一冊だけあるのも不純だからと、のちに古本屋に売った。そのかわり岩波文庫で、いずれ全九冊揃えるつもりで、とりあえず三冊ほど買った。読もうとした。「20エレのリンネル」

がどうしたこうした、「使用価値」だ「交換価値」だ、とめんどうなことばかりで、なんでこんなにわかりにくいのだと思った。

　これは「名著」だが、経済である。前もって、スミスやリカードウやシュムペーターらの著書を読むということもなかったから（吉本さんでさえ、きちんと段階を踏んだというのに）、なんの予備知識もないままいきなり『資本論』にあたったのだ。元々経済は好きでなく避けていた。だからいまだに経済・財政・金融がわからない。ただ前もって経済史の基礎知識を学んだとしても、どっちみち『資本論』は挫折したはずである。哲学のようにちんぷんかんぷんというわけではない。地道に一頁一頁を丁寧に読んでいく意志と根気が欠けていたのだ。

　池上彰に『世界を変えた10冊の本』（文春文庫、二〇一四）という本がある。どうせまた「いい質問ですねえ」などと調子に乗っているだけの適当な本だろうと思っていたら、これが予想に反していい本であった。『アンネの日記』『聖書』『コーラン』『プロテスタンティズムの倫理と資本主義の精神』『資本論』『イスラーム原理主義の「道しるべ」』『沈黙の春』『種の起源』『雇用、利子および貨幣の一般理論』『資本主義と自由』の十冊が解説されている。

そしてこの十冊の概略がよく書かれているのだ。学者でも研究者でもないわれわれにとっては、それぞれの本について、これくらいの理解があれば十分ではないのか。原典を無理に読もうとして、結果なにを読んだかわからないというムダをするより、簡単な解説本で概要を知ることのほうがよほど賢明なのではないか。

池上によると、『資本論』はこのように説明される。『資本論』は一言でいえば、資本主義の要素である商品の研究である。商品には「使用価値」と「交換価値」がある。労働の量は労働時間で測られ、商品から貨幣が生まれ、貨幣が資本になる。労働者の労働力も商品となり、労働者は搾取される。大量生産により、労働者の価値が安くなる。労働者を長時間働かせることによって利益を上げる（絶対的剰余価値）。一方、労働力の再生産費を安くすることによって利益を上げる（相対的剰余価値）。資本が蓄積され、そこに格差社会が生まれる。

大体、なんとなくわかるではないか。ほんとうはもう少し詳しく書かれているから、この程度わかれば素人としては十分である。まあ概略がわかったとしても、そのことでわれわれの日常生活や社会生活になにか変化があるということもないのだが。

五年ほど前、本体価格五千五百円もするトマ・ピケティの『21世紀の資本』がなんとべストセラーになった。わたしは冷ややかに見ていたが、いったい最後まで読む人はどれくらいいるのだろうと思った。他方で、そんなに金をかけるわけにはいかないが、中身は知りたいと思った人のために解説書が何冊も出て、これも売れたようである。原典主義者はうるさいだろうが、それでいいのである。『君たちはどう生きるか』の漫画版を読んだ人に対しても、それくらい活字で読めよ、ととがめる気はしない。

　ところで本編とは関係がないのだが、『世界を変えた10冊の本』の「おわりに」はいただけない。執筆依頼をしてきた「文藝春秋の藤田淑子さん」に池上が「生返事」を繰り返していたところ、ついに「藤田さんは業を煮やし」、書下ろしを待っているといつ本になるかわからないので、「『ＣＲＥＡ』で毎月一冊ずつ取り上げ、まとまったところで本にしなさい」と「私に命令したのが二〇一〇年のことでした」。自分は編集者にこきつかわれる、気の弱い人間なのだと主張したいのだろうか。そこで「命令と脅しに屈し、ヒーヒー言いながら」必死に書いたというのだが、池上にとっても「藤田さん」にとっても、どっちの得にもならない文章である。どうでもいいが、なにかあったのか？

　宮沢章夫の『『資本論』も読む』（幻冬舎文庫、二〇〇九）は、はたして宮沢が『資本論』をどう読むのかと期待した。「せめて死ぬまでに『資本論』ぐらいは読んでおきたいという私の切なる願い」から書かれた本である。人はそういう「願い」を持つこともあるのか、とちょっと驚いたが、さすがに『資本論』が相手では、宮沢のおかしさも不発。そういえば、かれには『時間のかかる読書——横光利一『機械』を巡る素晴らしきぐずぐず』（河出書房新社、二〇〇九）という本もあるが、これも不発だった。

宮沢は「私の『資本論を読む』はほんとうに、『なによりもまず使用価値に、なにかの種類の欲望を満足させるのに役だつ物』になっているかどうかははなはだ疑わしい。誰がいったいこの文章を『使用価値』として必要としているだろう」と書いている。しかし少なくとも、こうして引用させてもらっているわたしには役立っている。生憎《あいにく》宮沢の望んだような役立ち方ではないだろうが。

宮沢は大月書店文庫版で、全九巻のうちの第一巻を読んだだけ。その経過を三十七回かけて「資本論を読む」というタイトルで雑誌に連載した。二〇〇五年の「あとがき」に「まだほんのとばくちである」「せめて死ぬまでには『資本論』を読みたいと、やはり何度書いても書き足らない。それがいつになるかはまだ見当もつかない。きっといつかだ。死ぬまでにはきっと」と書いて、執念を見せている。しかし、二〇〇九年の「文庫本のためのあとがき」を見てみると、まだ読んでいない。もう、たぶん読まないだろう。

『資本論』にはおなじ解説書でも、アルチュセールの『資本論を読む（全三冊）』がある。わたしはこれも買ったが、ついに読まずじまいで終わった。これは解説書という生易しい代物ではなかったのである。

ヘーゲルの『精神現象学』にくたばる

ヘーゲルの『精神現象学』はわたしのなかでは名著の最高峰である。そういう感じがしたのである。なにしろ「ヘーゲル」である。この響きに敵うやつがいるか。肖像画があるが、目を剝いてこれまた怖い顔をしている。睨み殺されそうである。池田晶子に『睥睨するヘーゲル』という本があるが、そのまんまだ。そしてタイトルが『精神現象学』ときた。精神の現象の学である。それに訳者がまた金子武蔵。剣豪か。そんなわけがあるか。東大教授だ。もう、ヘーゲル、向かうところ敵なし、である。

わたしはいずれ読むつもりで（こればっかりで申し訳ない）岩波書店版の金子武蔵訳の大冊上下本を買った。英断か暴挙か。だがとてもすぐにとりかかる気にはなれない。そりゃそうだ。室井滋の『ヤットコスットコ女旅』（小学館、二〇一九）のような軽いエッセイとはちがうのだから。そこで、何か月か何年か、寝てもらった。しかしある日、意を決して立ち向かったのである。が予想通り、わたしなんかが敵の数にも入るわけはなく、鎧《がい》袖一触《しゅういっしょく》、あっさりと跳ね飛ばされた。数十頁も読めなかったのではないか。

『精神現象学』は、とりわけその「自己意識」の項の弁証法的運動の記述が見事である、となにかで読み、「自己意識」の部分だけでも精読してみようと思った。論理展開は「スリリング」とも書いていたようだが、よくいうよ、とあきらめた（佐藤優は『獄中記』のなかで「ヘーゲルの『精神現象学』も三読目に入り、上巻の抜粋が先刻出来上がりました」と書いている。「三読目」!! である。「外に出たら、ズーアカンプ社版（ドイツ語）の『ヘーゲル選集（全二〇巻）』をていねいに読んでみたい」とも）。

いったい弁証法とはなんなのだと、簡便ながら名著とされていた三浦つとむの『弁証法はどういう科学か』（講談社現代新書、一九六八）を読んだ。なんとなくわかったような気にはなった。ようするに「正－反－合」ということだろ。もっと深く知ろうと思い三浦の『認識と言語の理論』（勁草書房）三冊本も買った。もううすうすお気づきかと思うが、わたしはどうも本を買うとすこし安心するところがある。とりあえず、手元には置いたぞ。これでいつになるかはわからんが、あとは読むだけだ。しかしそのいつかは、急ぐこともない。自分への言い訳である。

岩波文庫にもヘーゲルの著作は多く入っている。『小論理学（全二冊）』『歴史哲学講義（全二冊）』『精神哲学（全二冊）』などであるが、これらも当然買った。いきなり『精神現象学』にあたったのが無謀だった。ヘーゲルの著作のなかで一番多くの頁を読んだのは、歴史が弁証法的発展をするという『歴史哲学講義』だが、それとても最後まで読み終えていない。つまりヘーゲルの著作をわたしは一冊も読み終えていないのである。

イポリットの『ヘーゲル精神現象学の生成と構造（上・下）』（岩波書店）を買った。一頁も読むことなく、何年後か、十何年後か、古書店に売った。そういう運命を辿った本が何十冊、何百冊あったことか。柄谷行人派のなかのだれかが、アレクサンドル・コジェーヴ『ヘーゲル読解入門――『精神現象学』を読む』（国文社）はいい、と評価していた。その関係でコジェーヴという名前を覚え、本も買ったが、それだけだった。「世界中の様々な古典に関して一通り知っていることで世界観が広がる」と齋藤孝は軽くいってくれたが、わたしは名前とタイトルを知っただけだった。

松岡正剛は佐藤優との対談でこんなことをいっている。「コジェーヴは、ヘーゲルの『精神現象学』の中から「歴史の終焉」を読みとるわけでしょう。そのことにもっと気付くべきですね。日本にはコジェーヴが足りないな」。これに、佐藤優もこう応じている。

「コジェーヴはフランス現代思想に大きな影響を与えた哲学者です。『ヘーゲル読解入門』（一九四七年）などは、もっと読まれるべきだと思います。翻訳もしっかりしている」（松岡正剛・佐藤優『読む力——現代の羅針盤となる150冊』中公新書ラクレ、二〇一八）。

「日本にはコジェーヴが足りないな」か。「『ヘーゲル読解入門』などは、もっと読まれるべきだと思います」か。カッコいいじゃないか。わたしも一回くらいこういうカッコいいことをいってみたいものだが、しかし、コジェーヴが「足り」るとはどういうことで、『ヘーゲル読解入門』が「もっと読まれ」たとすると、なにがどうなるというのか。こういう適当な発言が、世のぼんくら頭をいたずらに揺さぶるのである。

　この対談（鼎談、座談、討議）というのがまた曲者だ。読むとかならず、出席者たちがすごい賢人、すごい記憶の持ち主に見え、己が果てしのない愚者に見えてしかたがない。どの対談を見てもそうである。柄谷行人・蓮實重彦・浅田彰・三浦雅士他『近代日本の批評Ⅰ　昭和篇（上）』『近代日本の批評Ⅱ　昭和篇（下）』『近代日本の批評Ⅲ　明治・大正篇』などを読むともう劣等感に苛まれる。

　出席者たちは作家、タイトル、内容のまとめ、独自の見解、歴史的事件、年代、当意即妙、打てば響くような返し、をよどむことなく次々と繰り出して、ほとんど超人的である。後年、出席者たちは対談ゲラにあとでやたらと手を入れるのだと知りはしたが、それにしても大したものである。長谷川宏訳『精神現象学』（作品社）が平易な日本語に訳されたと聞けば、未練たらしく買ったものだ。が、もういつか読もうという気持ちはない。

竹田青嗣の哲学理解が羨ましい

　わたしは哲学ばかり読んでいた（読もうとしていた）わけではない。あたりまえである。ロバート・B・パーカーの「スペンサー・シリーズ」にのめりこみ、それをきっかけにミステリーを読み漁るようになった。日本の小説も庄野潤三、安岡章太郎、吉行淳之介、森瑤子、椎名誠、藤原新也、村上春樹、村上龍などを読んだ。

　そのかたわら、性懲りもなく今度はエドモント・フッサールの現象学に惹きつけられた。現象学という名前が物々しく、この方法を身につけることができれば、世界のあらゆる現象を説明できるのだと思った。たんなる気分である。

　まず基本書である『現象学の理念』を読んだ。しかし、これが全然、身に沁みない。なんのイメージも湧いてこないのだ。それでも主著である『論理学研究（全四巻）』を買った。そうこうするうちに『イデーン』が出るようになった。なんだまだほんとうの主著があったのか。たいがいにしてくれよ。『イデーン』は「Ⅰ、Ⅱ、Ⅲ」（Ⅰ、Ⅱが各二冊）の全五冊であるが、わたしはⅠの二冊とⅡの1の三冊まで買ったが、さすがにそこで途絶えた。やっと自分がやっていることのばかばかしさに気づいたというべきか。現象学的社会学のＰ・Ｌ・バーガーやアルフレッド・シュッツも読んだ。

結局、「ノエシス」「ノエマ」だの「現象学的還元」だの「エポケー」だの、といった用語を生かじりのまま覚えただけである。なんにもならなかった。時間と金の無駄。わたしには哲学を読む動機はあった。しかし、哲学を読むセンスも能力もまったくないと認めざるをえなかった。

わたしはペダンティスト（衒学《げんがく》主義者）ではない。ペダンティックになれるほど、広範な教養はない。結局、薄っぺらなディレッタント（好事家《こうずか》）といったところなのか。それも嫌だな。嫌だが、しかたないか。五木寛之は、自分の父親について「戦争中は平田篤胤や賀茂真淵などと一緒に、西田幾多郎やヘーゲルの著作などを本棚に並べていた下層知識人のひとり」だったと書いている（『人生の目的』幻冬舎文庫、二〇〇〇）。そのようないい方でいえば、わたしもその「下層知識人のひとり」というべきだったかもしれぬ。

ところが竹田青嗣の本を読んで驚いた。竹田は現象学が完全に理解できたというのである。いやいや、じつにうらやましい。こんな人がいるんだねえ。竹田は哲学書を読んだのは大学に入ってからだという（ちなみに竹田とわたしは同年）。最初に読んだのはキルケゴールの『死に至る病』だった。「数ページ我慢して読み続けたが、どこまでいっても何のことやらさっぱり分からず、結局、途中でやめてしまった。キルケゴールは、人間とは、関係の関係の関係だとか言っているヤツだ、ということだけ頭に残った」。

わたしとおなじだったのである、最初は。竹田は「哲学というのは、日本語で書いてあるのに読むことのできない本だというのが、わたしのはじめての哲学体験である」と書いている。みんなおなじなのだ。わたしもキルケゴールの『死に至る病』は読んだが、まったく同じ感想だった。「関係の関係だとか言っているヤツ」。

わたしにとって、ルソーの『孤独な散歩者の夢想』は退屈だった。マルティン・ブーバーの『我と汝・対話』は、まさにわたしにぴったりのテーマではないかと期待したのに、おもしろくなかった。サルトルの『存在と無』もまったくお呼びではなかった。思念、思念、思念がめんどうだった。

それでも竹田青嗣は哲学書を読み続けた。『方法序説』『存在と無』『純粋理性批判』『ツァラトゥストラ』『エンチュクロペディー』『精神現象学』などなど。とにかく最後まで読んだという（そこがわたしと違う）。しかし依然として「さっぱり分からない」（デカルトは別だったという）。わたしも哲学書を読むことはやめなかった。しかしほとんど、途中で絶えた。最後まで読んだのはほとんどない。竹田と本気度が違ったのだろう。わたしは哲学書を「読もうとしている」という姿勢だけで満足だったのかもしれない。

竹田がほんとうに哲学を読めるようになったのは「じつは三〇歳を過ぎてから」だという。「ある日、ちょっとした事件が起こった。わたしは高円寺の古本屋、都丸《とまる》書店で、フッサールの『現象学の理念』を見つけた。現象学という名前は気になっていて、解説書などを読んでもどうもよく正体が分からなかったのだが、思い切って購入し、読んでみた。そしてこれは、まさに大当たりだった（傍点原文）」。「大当たり」とは、よくわかった、ということだ。

竹田はこういっている。

フッサールの文章は、数ある難解な哲学書のなかでもとりわけ難解で知られている。しかし少し読み進むうちに、著者が現象学という方法でなそうとしていること、その方法の要点、フッサールという哲学者の中心の動機などを、自分は、きわめて深く理解でき納得できた、と思った。
もちろん分からない部分や術語もたくさんあった。しかしそのことがほとんど問題にならないほど、わたしはこの哲学者の思考の核をつかむことができたと感じた。こんなことは、わたしの哲学の読書経験においてはじめてのことだった。
（『哲学ってなんだ――自分と社会を知る』岩波ジュニア新書、二〇〇二）

うーむ、うらやましいぜ。わたしが手も足も出なかったフッサールの本の「思考の核」が、わかったというのである。なぜ理解できたか、については、竹田なりの解釈があるのだが、だれにでも起きるわけではない。いずれにせよ、そのことが決定的転機となった。「ふしぎなことに、現象学の方法の核心が理解できると、それまでいくら読んでも分からなかった他の哲学者たちの問題設定やその答えの形が、どんどん理解できるようになっていった」。いやあ、そういうことがあるんですねえ。

わたしはこの竹田の文章を読んで、こういう人がいるんだよなあ、とほんとうにたまげたのである。竹田の現象学理解が正解なのかどうかは知らない。竹田が外国語に弱く、かれはドイツ語が読めないよね、と揶揄するだれかの発言を読んだこともある。どうだっていいじゃねえか、と思った（どうでもよくはないだろうが）。竹田がわかったと思えばわかったのだろう。自分がわかったと思えることが重要で、それ以上のわかりかたはない。竹田青嗣は哲学に愛されたのである。

どうしても哲学はこうなるのか

その後の竹田青嗣の活躍は目覚ましい。『自分を知るための哲学入門』『ハイデガー入門』『完全解読　フッサール『現象学の理念』』『完全解読　カント『純粋理性批判』』『エロスの現象学』などを書いた。わたしは竹田の著作を三、四冊は読んだ。『ニーチェ入門』（ちくま新書、一九九四）は感動的だった。ただし、竹田のフッサールの解説書を読んで、もう一度現象学を勉強してみたいという気はない。いまのわたしにはもう不要である。

二〇一七年、おそらく竹田青嗣のライフワークになると思われる本が出た。『欲望論　第1巻「意味」の原理論』と『欲望論　第2巻「価値」の原理論』（講談社）である（合計約八千円。自分で買う意志なく、図書館で入れてもらった）。目次を開いて驚いた。相変わらずの硬い漢字ばっかりだ。見てうんざりしてしまった。あの竹田にしてこうである。哲学はどうしてもこのようにならざるをえないのか。このような構成になっている。次に示す目次はほんの一部である。

第一部　存在と認識
第一章　哲学の問い
　第1節　世界理説の起源
　第2節　哲学的始元論
　第3節　世界理説の対立
　第4節　懐疑論——認識と言語の謎
　第5節　普遍認識論の試み1
　第6節　普遍認識論の試み2

こんな調子で上下二巻、全四部全十一章全九十節、約千二百頁あるのである。たまったものではない。まあわたしなど最初から読者の範疇に入っていない、と考えれば納得もできるのだが、それにしても硬い（じつは未刊だが、三巻目もあるのだという。刊行するか否かは、一、二巻の売れ行き次第ということか）。

わたしが読んだのは第1巻の一部だけ、すなわち「第五章　意味　価値　存在」の「A　意味と価値」だけである（あとは「序文」と「あとがき」）。「B　存在と真理」は読んでいない。かねてより、わたしは「意味」と「価値」の定義を知りたいと思っている。「意味」と「価値」の相関関係も知りたい。わたしの考えでは、「意味」と「価値」は、意味と価値が循環して埒があかなくなってしまう。竹田はこのように説明している。

＊欲望論的問題構成は、ニーチェとフッサールの哲学的ラディカリズムの始発点へと立ち戻って現代に残存する暗黙の本体論的前提を解体する。欲望論的遠近法は「価値自体」「存在自体」「歴史自体」「無意識自体」といった先構成の場所から「意味と価値」を導くのではなく、これを逆倒して、意味と価値の身体論的生成の場面から、これら先構成的諸観念の捏造的形成を暴露する。意味と価値の身体論的生成こそは、われわれの内的生における根本事実であり、生の一切の「現実性」の源泉だからである。（傍点原文）

この文章を一読、二読、あるいは三読してもいいが、わかる人がいるのだろうか。わたしは数頁我慢して読み続けたが、どこまでいっても何のことやらさっぱりわからず、結局、途中でやめてしまった。えっと、「欲望論的問題構成」は「現代に残存する暗黙の本体論的前提を解体する」？ ん？ 「本体論的前提」ってなんだ？ 主要と考えられてきた前提を解体する、ということか。「意味と価値の身体論的生成」ってなんだ？ こんな正しいか正しくないかわからぬ自己流の解釈を一々やってられないのである。しかし竹田もよく考えたねえ。これも読んでみてください（嫌なら飛ばすことも可）。

＊実存範疇として「意味」と「価値」は等根源的である。「意味」は、実存主体に到来する目的指標とその成就のために必要な「当為」の秩序の了解性として生成し、「価値」はその契機として二つの源泉をもつ。第一に、触発から生じる情動－衝迫は本質的に質としての「強度」をもつ。さらに、高度に進化した生き物では欲望は複数性をもって現われる。衝迫－欲望が、強度をもち、複数性をもつこと（したがって選択や判断の系《セリー》を生成すること）、このことが目的指標における重要性、切迫性、優先性を分節する。これが「価値」と呼ばれるものの基底をなす。（傍点原文）

いかがでしたか。にっちもさっちもいかなかったのでは？

ところが、橋爪大三郎はこの書を絶賛しているのである。「二〇一七年は竹田青嗣氏の『欲望論』二冊の刊行年として、記憶されるだろう」「全体を貫くのは『ゴルギアス・テーゼ』。何ものも存在しえない／存在しても、認識しえない／認識しても、言語化されえない、という《懐疑論＝相対主義の論理的原理》だ」。「大物の哲学者たちをつぎつぎねじ伏せていく力業」「哲学を甦らせ閉塞を突き抜ける原理を手にしようと、苦闘」「フッサールとニーチェを越える」試み、「世界的なレヴェルに達している」「真剣な読解を誘う大作」。第三巻を「読みたいと切に願う」（『毎日新聞』「今週の本棚」二〇一七年十二月三日）

おそらく橋爪は正確な読みをしているのだろう。だが、竹田が「一切の哲学的原理の、総転回の試み」をしようと、なにをしようと、わたしはそんな「哲学」にはなんの興味もない。このような「哲学」は一から十まで学問なのだが、いったいだれにとって必要な学問なのか。竹田青嗣は自分の『欲望論』をどの程度の人間にまで読んでもらいたい、と考えているのだろう。

わたしには竹田（や橋爪）の情熱がわからない。かれの哲学は、千人いたら九百九十九人が理解できない（と思う）。千人にひとり、橋爪みたいな理解者・讃美者がいたとして、それで竹田は満足なのか。で、橋爪は竹田の哲学をわかったとして、書評を書いて終わりか。元々、そういう問題ではないのか。どうであれ、わたしにそんな「哲学」は必要ない。が、「哲学」も、わたしみたいな人間は必要ないのであろう。

結局、自分をこじらせただけでなんの収穫もなし

哲学に執着した期間は、はっきりとは覚えていないが、たぶん三十頃から五十頃までのおよそ二十年間である。ダラダラとつづいた。たいして読みもしないくせに、品切れ本だった岩波文庫が復刊されると、ああ、これは買わなければと重要なタイトルのものは買った。その本を開いてみると、これが活字がつぶれかかった読みにくい印刷で参った。字も小さかった。ライプニッツの『単子論』は待ちわびた。それが品切れ中だったとき、お茶の水にある岩波文庫専門の古書店では、たしか五千円くらいの値がついていた。

一九八〇年代当時、「季刊思潮」という雑誌が発行されていた（これが廃刊になったのちに「批評空間」が継続誌となった）。柄谷行人、蓮實重彦、浅田彰が中心で、多くの学者や批評家が集った（先にふれた『近代日本の批評』全三巻はこの雑誌の産物）。この「思潮・批評空間」派が当時の日本の批評界で一番勢力を得ていたといっていい。柄谷行

人はさしずめこの派の総帥といった趣を呈していた（それ以前、わたしは青土社の雑誌「現代思想」と「ユリイカ」を愛読したものだ）。

蓮實重彦は重鎮の客人といったところか。蓮實の『反＝日本語論』や『表層批評宣言』はおもしろかったが、『物語批判序説』あたりではやたらに「説話論的」という用語が頻出して意味がわからずイライラした。まあそんなことはどうでもいいが、その頃のわたしは、かれらを通じてフランス現代思想を馬鹿みたいに煽られたのである。

ジャック・デリダは『エクリチュールと差異』『グラマトロジーについて（全二冊）』、ジル・ドゥルーズは『差異と反復（全二冊）』、ジル・ドゥルーズ＋フェリックス・ガタリは『アンチ・オイディプス（全二冊）』『千のプラトー（全三冊）』。フーコーは『言葉と物』である。ほかにもジュリア・クリステヴァ、エドワード・サイード、ベネディクト・アンダーソン。スラヴォイ・ジジェクなんてのもいたなあ。そういえば、わたしはちょっと本流から外れたE・M・シオランが好きだった。『生誕の災厄』『崩壊概論』を読んだのだった。いまとなっては、いずれも懐かしいタイトルだ。

わたしはカント、デカルト、ルソー、ニーチェ、スピノザ、ライプニッツ、キルケゴール、ベルグソン、モンテーニュ、カッシラーといった古典に挑みながら（おこがましい）、これらの現代フランス思想にも後れをとってはならないと、だれに頼まれたわけでもないのに、自分で焦ったのである。この頃のわたしは、いい年をして狐がついていたとしか思えない。前世代のメルロ＝ポンティ、サルトル、ソシュール、イリッチ、レヴィ＝ストロースなどにも目を配ることを忘れなかった。その他、シモーヌ・ヴェイユにバタイユにフランシス・フクヤマ。もうこんな名前を一人ひとり挙げてみても意味はない。

そんなこんなで、わたしはそのころ次のような本を集めていた（もう、読むのではなく、「集めていた」といっちゃったよ）。すでにふれたものを除くと、『埴谷雄高全集』、『柳田國男全集』（ちくま文庫）、『折口信夫全集』（中公文庫）、『坂口安吾全集』（ちくま文庫）、それに『バタイユ著作集』『ベンヤミン著作集』『北一輝著作集』『ビヒモス』『保田與重郎選集』『性の歴史』『親族の基本構造』。日本の思想も知らなければならない、と石井恭二『正法眼蔵（全四冊）』も持っていた。そして、ある日ある時、これらのすべてを古本屋に叩き売ったのである。

読むでもなく、読まないでもなく、結局、読めないまま西洋哲学に執着だけを持っていたとき、じつをいうと市川浩、廣松渉、見田宗介（真木悠介）が好きで読んでいた。市川浩は『〈身〉の構造』『精神としての身体』『「中間者」の哲学』などが好きだった。廣松渉も『世界の共同主観的存在構造』を一生懸命読んだ（いまでは岩波文庫に入っている）。『事的世界観への前哨』のあとに、畢生《ひっせい》の大作『存在と意味（全二巻）』が出た。しかし『存在と意味』の第二巻が出たとき（一九九三年）には、もう哲学に対する興味が薄れていた。見田宗介（真木悠介）は『現代社会の存立構造』『気流の鳴る音』がよかった。

　わたしの読書人生において、これらの日々は夏の灼熱だったのか、あるいは春の嵐だったのか。自分で格好をつけることはないわけで、ただ黄砂に吹きまくられただけだったのかもしれない。いいかえれば、「守破離」の「破」だったといっていいかもしれない。文字通り「破」れ去ったということもさることながら、名著に過大な期待を抱いていたこと自体を、みずから不要だと「破」ったこと、という意味においてそうだったのではないか。「破」にひきつけようと、ちょっと強引といえば強引であるが。

　結局、ほとんどの哲学本は読めなかった。二十年間、ただじたばたしただけである。自分のなかではなんの収穫もなかった。これははっきりしている。ただ自分で自分をこじらせただけである。ムダ金とムダな時間を費やして、ただ哲学者の名前と著書名を知っただけである。まったくの無意味。そんなクイズがあれば、すこしは答えられる。そんな程度の意味しかない。虚栄心にすらならない。わたしはいまだに、哲学と思想はどうちがうのかがわからない。もうそんなことを考えることもなくなったが。

今回、この本を書くために、立花隆・佐藤優『ぼくらの頭脳の鍛え方――必読の教養書400冊』（文春新書、二〇〇九）を読んだ。これがじつにおもしろかった。なあなあのなれ合いではなく、両者とも自分の考えははっきりという。そこがいい。一例を挙げてみる。立花は、乃木希典は「日本を誤らせた最初の人間」「バカの一つ覚えのような決死隊の突撃をくり返させた乃木は部下の大量殺戮者ですよ」という。佐藤は「私はちょっと意見がちがいます。逆に、乃木希典は名将だったと思っています」。

「立花隆による『実戦』に役立つ十四カ条」も頷ける。「金を惜しまず本を買え」「選択の失敗を恐れるな」「本を読みながらノートを取るな」「人の意見や、ブックガイドのたぐいに惑わされるな」「懐疑心を忘れるな（略）世評が高い本にもウソ、デタラメはいくらもある」。しかしなにより「自分の水準に合わないものは、無理して読むな。水準が低すぎるものも、水準が高すぎるものも、読むだけ時間のムダである」という忠告があまりにも身に沁みすぎるのである。

　ふたりの会話もおもしろいし、紹介している本にも真摯さがある。文庫・新書それぞれ二百冊選んでいるのも本気である。「コスパがいい」などといいたくはないが、これほどおもしろい本もめったにない。邪道だが、名著そのものよりも、名著の解説がおもしろい。わたしは娯楽本として気楽に読んだ。

日本文学の「名作」手当たり次第

文学の「名作」なら日本文学であれ世界文学であれ、一応は読める。哲学のようにこじれる恐れはない。しかし、これがまた山のようにあるのだ。前にも書いたように、日本文学はなんとか通勤電車のなかで、主要な作家は読んだ。しかし「日本の古典」は手付かずのままだった。今に至るまで『古事記』も『日本書紀』も読んでいない。『「いき」の構造』や『徒然草』は読んだが、なにしろ『源氏物語』も『枕草子』も『古今和歌集』も『万葉集』も未読である。西田幾多郎も和辻哲郎も鈴木大拙も読んでいない。

芭蕉、一茶、井原西鶴、近松門左衛門は盲点だった。かろうじて読んだのは『山家集』『歎異抄』『方丈記』、新しいところでは二葉亭四迷『浮雲』『其面影』、中江兆民の『一年有半・続一年有半』、正岡子規の『病牀六尺』『仰臥漫録』。その他、順序もなにもなく、名作といわれるものは手当たり次第に読んだ。

樋口一葉『にごりえ・たけくらべ』、島崎藤村は『破戒』だけ（『夜明け前［全四冊］』

は何度か挑んだが最初の風景描写を突破できなかった）、田山花袋『蒲団・重右衛門の最後』『田舎教師』、国木田独歩『武蔵野』、志賀直哉『暗夜行路』『和解』『小僧の神様・城の崎にて』、徳田秋声『あらくれ』、横光利一『機械』『旅愁』、中島敦『李陵・山月記』、長塚節『土』、中野重治『歌のわかれ』、有島武郎『或る女』『生れ出づる悩み』、永井荷風『ふらんす物語』『断腸亭日乗』（これは全集ではなく、文庫本二冊の「摘録」である）。

いくら書いても書ききれない（読んでいないものも、書ききれない）。谷崎潤一郎は『陰翳礼讃』と『鍵・瘋癲老人日記』は読んだが、『痴人の愛』『春琴抄』『卍』『刺青・秘密』はおそらく読んでいない。いつか読むつもりで厚さ四センチほどの『細雪』（中公文庫）を持っている。しかし読もうと思ったら、割と古い本で字が小さいのである。いつのまにか大きい活字に慣れてしまった。いまも昔の本を読むと、こんな小さい活字を読んでいたのかと驚く。

ほかにも野坂昭如、原民喜、深沢七郎、古井由吉、堀辰雄、開高健、吉村昭、坂口安吾、三島由紀夫などを読んだが、ほんとうにおもしろかったのは三浦綾子、山本周五郎、山崎豊子である。あるいは椎名誠であり（『哀愁の町に霧が降るのだ［全三冊］』は傑作）、山下洋輔『風雲ジャズ帖』であった。もうなにが名作で、なにがそうでないか、わからない。なにが文学で、なにが大衆小説か、わからない。まだ芥川賞と直木賞があるように、いまだにこれらの区別はあるが、実体はもうどちらでもいいのではないか。

世界文学の「名作」はだれが決めたのか

世界文学も手当たり次第に読んだ。なかには、くそおもしろくないなあ、というのはあったが、哲学のようにむつかしくて読めないというものはなかった。それまでも単発的にはあれこれ読んでいた。リルケの『マルテの手記』、ゲーテ『若きウェルテルの悩み』、ヘルマン・ヘッセの『車輪の下』、セリーヌ『夜の果ての旅（全二冊）』、カミュ『異邦人』、魯迅『阿Q正伝』などである。

フランス文学にかぎらないが、わたしの読書は通り一遍だ。フランス文学ならフローベール『ボヴァリー夫人』、スタンダール『赤と黒（全二冊）』『パルムの僧院（全二冊）』『恋愛論』、バルザック『ゴリオ爺さん』『谷間のゆり』、デュマ『モンテ・クリスト伯（全七冊）』、アンドレ・ジイド『狭き門』、あとは『ランボー詩集』、ボードレール『悪の華』ぐらいである。

ロマン・ロランの『ジャン・クリストフ（全四冊）』、ヴィクトル・ユゴー『レ・ミゼラブル（全四冊）』を読んだのはつい最近、六十代になってからである。ついでにいえば、トルストイ『戦争と平和（全六冊）』（これは岩波文庫で読んだ。随所に挿入された豆知識が楽しく、有益だった）、チャールズ・ディケンズ『デイヴィッド・コパフィールド（全五冊）』を読んだのも六十代である。これは定年退職の恩恵である。

ゴーゴリーやパステルナークは読んでいない。『ドクトル・ジバゴ』は買ったままである。ロシア文学で一番読んだのはドストエフスキーである。ほぼドストエフスキーだけだったといっていい。チェーホフ、トルストイは数冊。

ドストエフスキーは主著はほとんど読んでいる。わたしがドストエフスキーを読んだのは昔だから、ほとんど米川正夫訳である。原卓也訳のものも読んだと思うが、どれかはわからない。ドストエフスキーの翻訳は長らく米川正夫の独壇場だったのだが、それがじつは誤訳が多いのだといわれ、亀山郁夫が光文社古典新訳文庫で新訳の『カラマーゾフの兄弟（全五冊）』を出した時は、世界文学の古典にしてはめずらしく百万部の大ベストセラーになった。

アメリカ文学はかなり粗雑。ヘミングウェイ『老人と海』『武器よさらば』、フォークナー『八月の光』『アブサロム、アブサロム！（全二冊）』、あとはソール・ベローにティム・オブライエンくらいか。ホーソーンの『緋文字』はまったくおもしろくなかった。三度ほど挑んで、三度ともおもしろくなかった。これに関しては、わたしの読み方が悪いのだと思うが、もうしかたがない。メルヴィル『白鯨』は最初で途絶えた。

イギリス文学は、例のごとくシェイクスピアの四大悲劇『ハムレット』『オセロー』『リア王』『マクベス』、ディケンズ『オリバー・ツイスト（全二冊）』、モーム『人間の絆（全二冊）』まで。『嵐が丘』と『高慢と偏見』は読んでいない。なぜか、オーウェルの『パリ・ロンドン放浪記』は読んだ。あとはアラン・シリトーくらいか。

ドイツ文学で最初に読んだのは、北杜夫の影響でトーマス・マンの『トニオ・クレーゲル』である。だが、マンは結局それだけ。『魔の山』と『ブッデンブローク家の人びと』が有名だったし、『ブッデンブローク家』は北の『楡家の人びと』の元になった本だとも知ってはいたが、あまりにも評判が悪かった。おもしろくない小説の代表みたいにいわれていたのである。恐れをなした。ギュンター・グラスの『ブリキの太鼓』は読んだ。

カフカ『変身』には閉口した。これ、ほんとうに世界的な名作なのか。おもしろくなさすぎる。じゃあこれはどうだと『城』を読んだが、もう苦痛だけである。それで『アメリカ』は読んでいない。だれが読むかね。ヘルマン・ヘッセは『車輪の下』『デミアン』『知と愛』、ゲーテ『若きウェルテルの悩み』『ファウスト』は一応最後まで読んだが、『ゲーテとの対話』は途中で終わっている。あとはヘルダーリンの『ヒューペリオン』に『ハイネ詩集』。もうとめどがない。ガルシア・マルケス、バルガス＝リョサ……。

読む前から気が萎えてしまう「名作」

マルセル・プルースト『失われた時を求めて』はずっと気になり続けてきた名作だが、結局いままで延ばしに延ばしてきた名作である。やたら次々と新しい翻訳がされている。長らく井上究一郎訳が名訳とされてきたが、鈴木道彦個人訳が集英社から出た。綺麗な装丁の単行本で出始めた頃のことを覚えているが、いつの間にか完結し、のみならず、すでに十三巻の集英社文庫となってこれも完結している。その後、高遠弘美訳で光文社古典新訳文庫が出たかと思うと、現在は吉川一義訳で岩波文庫が刊行中。知人のNさん、まだ読んでいますか。Nさんは、もうこうなったら意地だ、といっていたが、意地で読むのもつらいものである。

問題作に、ジェイムズ・ジョイス『フィネガンズ・ウェイク（全三冊）』がある。翻訳者の柳瀬尚紀が、翻訳不可能といわれたこの翻訳に全力を注ぐために勤め（成城大学？）

を辞めた、というので当時話題になったものである。もう三十年以上前の話だ。人が人生を賭けた翻訳なら、刊行されたら読んでみたいものだと思った。一九九一年から一九九三年に翻訳は成って、本もめでたく刊行された。ところが、わたしが躊躇して読まないうちに、単行本は文庫（二〇〇三年）になってしまった。それから十六年も経っているが、いまだに読んでいない。もう無理だね。

　そうこうしている間に、柳瀬は次にジョイスの超大作『ユリシーズ（全三巻）』にとりかかり、これも一九九七年に翻訳刊行された（文庫四巻は二〇〇三年）。そして柳瀬尚紀本人も二〇一六年に亡くなってしまった。時があっという間に過ぎてしまった。近鉄に入団した当時の若き野茂英雄を覚えているのに、時は残酷で、野茂はすでに引退して超肥満となり、何年も過ぎた。すべてがこんな調子である。『フィネガンズ・ウェイク』も『ユリシーズ』も、もう読まないな。

　どうしたらいいのか判断に迷うものに、トマス・ピンチョンの『重力の虹（全二冊）』がある。なんだかある方面では大傑作の評判が高いらしいのだが、どうにも「ピンチョン」という名前が嫌である。アマゾンのブックレビューを読むと、読者も困惑しきっている。かれらは、どうにかこうにか読み終えたが「わけわからん」といいながら、ノーベル文学賞の候補にもあがるくらいだから、これはくだらんと切り捨てることができない、とへっぴり腰である。

わたしが読み終えることができるなら、いや、途中でなんだこれ？　と中断したとしても、はっきりと愚作（あるいは傑作）と断言するのだが、読む気がおきないからそれもできない。わたしは体が許す限り、死ぬまで本を読むだろうが、もうわけのわからん本は真っ平である。

第4章　読書の「離」

——もっと自由な広い世界へ

読めることと読めないことの差

できれば、竹田青嗣ほどではなくても、わたしが名著の多くを理解でき、その理解の過程を縷々《るる》解説でき、その結果、わたしはかくかくしかじかの能力を得、このように変わりました、という報告をできればよかったのに、と思う。人間の度量も広がり、寛容にもなり、気構えも強くなったようです、と。名著に挑戦したといえばそうだし、自分なりに格闘したといえばそうである（格闘にもならなかった、というほうが正しいが）。哲学の名著だけではなく、社会科学関係の名著と評されるものについても、一通り目を通そうとはした。一応アタックはしたのである。

しかし、思い返せば、名著といわれる本をわたしはほとんど読み通したことがない。正直にいおう。いままでも正直に書いてはきたが。わたしには「わからないながらも、とにかく最後までは読んだ」という名著がほとんどないのである。読めよ、というのは殺生だ、と思うが、元々自分で意志したことである。だれも恨むことはできない。ただし、半分や六割くらいまで読んだものなら、けっこうある。

記憶にあるかぎり、読了したのは、プラトン『ソクラテスの弁明・クリトン』『饗宴』、デカルト『方法序説』、セネカ『人生の短さについて』、カント『道徳形而上学原論』『永遠平和のために』、ニーチェ『ツァラトゥストラはこう言った』『この人を見よ』、ベルクソン『笑い』、マキアヴェッリ『君主論』、マルクス『経済学・哲学草稿』『共産党宣言』『ルイ・ボナパルトのブリュメール十八日』、マルクス、エンゲルス『ドイツ・イデオロギー』、レーニン『帝国主義』、マックス・ヴェーバー『プロテスタンティズムの倫理と資本主義の精神』『職業としての政治』、ルソー『孤独な散歩者の夢想』、フロイト『精神分析入門』などである。『法華経』や『コーラン』も読んだ。あとは、幸福論の本を書くために、ヒルティやアラン、ラッセルの『幸福論』を読んだ。

　たぶん、ほかにも十何冊か、あるいは数十冊かはあるだろう（思い出した。ダンテ『神曲』、ソルジェニーツィン『収容所群島』などもあった）。日本の「名著」を加えるなら百数冊にはなるかもしれない。だが、それらを必死に思い出して詳細に挙げてみたところでたいした意味はない（だがわたしにも見栄はあって、つい必死になって数え上げそうだ）。まあ寒々しいかぎりである。

　寒々しいのは弁解のしようもないが、問題はこのあとである。一応読んだこれらの本にしても、当時もそうだったが、いまとなってはなにも残っていないことである。出口治明のいう「残存率」はゼロである（これについては第5章でふれる）。ただ、読んだ、という記憶があるだけである。これは名著・名作にかぎらず、あらゆる本がそうである。結局、忘れて、元の木阿弥。

そしてそうであるからには、読んだか読まなかったか、あるいは読めたか読めなかったかのちがいは、ほとんどない、ということになる。実際にはちがうのだろうけど、どこがどうちがったということはできない。なんなのだ、名著とは？　いやその前に、なんなのだ、本を読むとは？「残存率」なんてことをいいだしたら、かならずこの疑問に突き当たってしまう。本を読んでも、一ミリも成長の自覚がないのだ。

わたしがぼんくらであることは認めてもいい。が、ぼんくらであろうとなかろうと、成長しなければならないのは、このわたしである。それが、一ミリの成長もしないのであれば、本を読む意味はない。もっとも、本を読む意義を、自分の血となり肉となることだ、と考える人間にとっては、ということである。しかし、こんなことも、本を読んでみなければわからなかった。

全部、読もうとはしたのである。読む気もあったのだ。だからせっせと名著を買いそろえたのである。いつかは読んでやるぞと。だが、ほんとかね。白水社の函製『ニーチェ全集』をなぜ買ったのか。一冊三千円から四千円したはずである。しかもいま見てみると第一期十二冊、第二期十二冊で計二十四冊もある。それをわたしは全巻揃えた。会社員時代である。

これはいったいなんのつもりだったのか。こんなものどう考えたって読めるはずがないのである。たしか揃えている途中で重荷に感じてもいた。また新しい巻が出たかと。ただ、乗り掛かった舟だった。惰性であった。後悔はある。それがあの時の自分だったのだ。バカだった自分を後悔してもはじまらないが、後悔はすべきである。わたしは自分が何者であるかを自分自身に証明したかったのだと思うが（他人に証明しようとするよりは、マシだったが）、その根性をいまとなっては後悔している。

しかし、成長するとは、後悔することではないか。

呪縛から解放される「五段階」

だが、もう終わったことだ。現在のわたしは「名作」や「名著」の呪縛からほぼ解き放たれている。ほぼ、というのは、まだ「名作」や「名著」に対する全般的敬意がわずかではあれ残っているからだ。

キューブラー・ロスによると、死の受容過程は一般的には、次の五段階を経ると考えられている。⑴否認と孤立、⑵怒り、⑶取り引き、⑷抑鬱、そして⑸受容、である。
⑴の「否認と孤立」では、「いや、私のことじゃない。そんなことがあるはずがない」と感情的に否認するが、周囲から孤立し、⑵やがて、事実に向き合うようになっても、「なぜこの自分なのか」と理不尽さに怒り、⑶すこしでも死を遅らせようと、「～してくれれば、こうするから」と神と取り引きをするが、⑷結局、すべては無駄だとわかって絶望的になり、ついには⑸に至ると、ほとんど感情が欠落して「最期の時が近づくのを静観するようになる」（『死ぬ瞬間――死とその過程について』中公文庫、二〇〇一）。

ロスの原著は一九六九年に出たから、ほぼ半世紀前である。死に対する考え方も変化し、日本人にとっても、死に対する考え方（死の文化）は西洋とはちがうから、必ずしもこのとおりではなかろう。いまでは「否認」はあまり考えられない。すぐ認める。「取り引き」もなさそうである。しかし、この説の是非はとりあえずどうでもいい。

死と同列に論じることはできないが、「名著」「名作」から解放されるにも、解放の五段階があると考える。「名著」を前にして、人間はおおむねこういう解放の道を辿ると思われる。⑴憧憬、⑵無力感、⑶忍耐、⑷疑問、そして⑸解放、である。もちろん、だれもが解放されるわけではない。いつまでたっても、「名著」信仰に呪縛されたままの人間、という人はいるからである。権威に無条件に従順な人である。

(1)憧憬——名著にいったいどんなすごいことが書かれているのか

最初は期待しかない。自分に果たしてわかるだろうか、という不安や心配などはまったくない。それよりも、この世界的な名著にどんなことが書かれているのか、ということに興味があった。これを読み終わった暁には、おれはどんな力を手に入れることになるのか、どんな人間になるのか、と期待が膨らんでいる。

しかし、この期待はすぐしぼむ。幻滅である。数頁読むだけで、大概は、ううむ、なんだこれは？　となる。期待はしぼんで消滅する。「名著」を何冊も読むたびにこれが繰り返されると、不安に襲われることになる。それでもまだ多少の強気はある。今度こそなんとかなるのではないか。じっくりと読むのだ。焦ることはない。

(2)無力感——おれはバカなのか

読んでも読んでもわからない。もちろん、本によって難度に差はある。だが、まったくちんぷんかんぷんだと始末に負えない。いったいなにを書いているのだ。これは正確な翻訳なんだろうな、訳者はわかって訳しているのか、と思ったりもするが、もちろん、読めないこっちが悪いのだ。おれがバカなのか、と思う。

> それは——自然概念と自由概念とである。そのうち前者は、ア・プリオリな理論的認識を可能ならしめる概念である。これに反して後者は、理論的認識に関しては（単にこれと対立するという）消極的原理を自分自身のうちに含んでいるにすぎないが、しかしまた他方では意志規定を拡張するような原則を確立する、それだからこの原理は実践的と呼ばれるのである。（傍点原文）

なんのことだ？　これはカント『判断力批判（上）』の「序論」の文章の一部である。昔読んだときになんとなく大事そうだなと思ったのか、青インクで線を引いている。いったい「意志規定を拡張するような原則」ってなんなのだ？

(3)忍耐——哲学者が必死で考えたことを、一回読んだだけでわかるわけがない

いやいや、おれがバカなのではない。だいたい哲学者が何年間も一生懸命に考えたこと

を、なんの訓練もしていないド素人のわたしが、たった一回読んだだけで理解しようとすることがそもそもおこがましいのだと思ったのである（内心は、こんなもの何回読んでもわかるか、と思っている）。やはり自分がバカだとは思いたくないのだね。じゃあ、どうするのだ、読書百篇か。いやいや、そんなには読めない。もう一回じっくり読んでみよう、くらいだ。しかし、この忍耐期間は短い。で結局、中断。

(4)疑問——はたしてこの本はほんとうに名著なのか

はい、中断した名著が山ほどある。もう自分がバカなのは認めてもいい。だが、このわからなさは途方もなく無茶苦茶じゃないか。果ては、はたしてこの本はほんとうに名著なのか、という考えが頭をよぎる。いったい、だれが、いつ、どんな理由で名著に決めたのか。西洋の近代において、各国の賢者たちが四年に一回、一堂に会して名著策定会議を開いたわけじゃあるまい。決まった経緯を考えてみると、かなり胡乱《うろん》ではないか。

でも二十一世紀日本の初老の男が、そんな疑問をもったところで始まらない。名著・古典は、むしろ原書（英語、ドイツ語、フランス語で。さすがにラテン語でも、というやつはいまい）で読んだほうがわかりやすい、といわれたりすることがあるが、いまさらそんなことをいわれてもどうしようもない。あまりのわからなさに、こんなの名著でもなんでもない、といっても無意味である。世界や歴史の評価を相手にしても勝ち目なし。

⑸解放――この本は自分には必要がない

結局、あきらめる。自分にはこの本を読む能力がなかったのだ、この本はおれには必要がないのだと静かに受け入れる。もう一生読むことはないだろう。しかしいったい人間とはこんなに難しいものなのか。生きるとは、世界の成り立ちとは、こんなに難しいものなのか。真理の探究という題目はうそではないのか。もうどうでもよい。真理があってもなくても、自分には関係がない。

もう読めなくていい。名作や名著はそのままあっていい。わたしが、いい、というまでもなく、名作・名著はそのまま存続する。世界遺産は取り消されることがあるが、名作・名著が取り消されるということはない。いつまでも「名作・名著」の看板をかけているがいい。ただわたしには不要だし、合わない。名著とはだれのための名著なのか。わたしはもうどんな名著にもプレッシャーは感じない。読めなかったことにいかなるストレスも感じることがない。

わたしに「名著」に対する強迫観念は消滅した。名著幻想が解体されるということは、自分自身の証明という愚昧から解放されるということだった。もう惑わされることはない。ほかにおもしろい本がたくさん待っている。そして、そのことだけがふつうの人間の読書においては大切なことである。

もし名著を読めたとしたら、わたしはどうなったのか

ただ、いまでも少し気になっていることがひとつだけある。あるいは、経験してみたかったな、ということである。それは、もしわたしが、ほとんどの名著を完全に、少なくとも八割方理解できたと仮定したら、はたしてわたしはどんな人間になることができたのか、ということである。これだけは経験してみたかったと思う。

目が開かれ、視野が広がり、新しい景色が見えるようになったのか、それとも読む前とまったく同じ混沌のままか。その場、その問題ごとに、適確な判断を下すことができ、そのことを実践できるようになったのか。すなわち、どんな考えを持つことになり、どんな人間に変わったのか。人生にどんな変化があったのか、どんな生き方をすることになったのか、それともそんなことは全然関係がないのか（おそらくそうなのだろう）。元の涼し

い目をした男のままか。

いま本棚から一冊名著を抜き出してもってきた。スピノザの『神・人間及び人間の幸福に関する短論文』（岩波文庫、一九五五）である。ライプニッツの『単子論』を探したが見つからなかったのだ。この『神・人間』は買っただけで全然読んでなかったなと思い、頁をめくってみると、なんとわたしは最後まで読んでいたのだ。こんな宗教的な本をどんな動機で読んだのか？ 本の後半「第二十六章　眞の自由その他について」に、赤で傍線を引いているのである。こんな部分である（旧漢字を新漢字に改める）。

> しかし又、神を識らない者が我々にこれ以外の何を言ひ得やう。
> このやうにして我々は、我々の幸福と平和に関する我々の主張が真理であることを証明するためには、我々自身の利益を求める（これは万物に於て最も自然的なことである）といふ原理以外の他の何らの原理をも必要としないといふことがわかる。今我々は、感能欲、快楽、世間的事物を追求する時そこに我々の幸福が得られず、却つて反対に我々の破滅を来すことを経験してゐるのだから、我々はこの故に我々の知性の指導を選ぶ次第なのである。

ざっとこんな調子である。わたしはいったいなにに感心してこの部分に赤線を引いたのか。〝我々は幸福と平和を求めるのに、自分の利益だけを求めればいい。とはいえ、性欲や物欲を追求しても幸福が得られず、逆に破滅するという経験をしているから、われわれはそのとき知性の判断に従わなければならない〟ということをいっているのか。そしてわたしにとって名著を読むということは、こんなことを、つまり「ここは〜ということか？」とか「これはどういうことだ？」とか「くそっ、わからん」というような自問自答を、すべての名著についてするということだ。

ところが、たとえば竹田青嗣や柄谷行人や松岡正剛や佐藤優らのわかり方はもっとすっきりしているのだろう（ほんとか？）。かれらはほとんど理解できたということで、自分の考え方や生き方や人間関係や自身の人間的成長において、なにか変化はあったのだろうか（まさか、「あったよ、名著を読んでいない人間はサルだ、といえるほどには偉くなったよ」ということではあるまい）。

いや、わかるということはそういうこととはちがうんだよ、わかってないなあ、と微笑されそうである。じゃあどういうことなんだと思うが（一人相撲をしてる）、自分になんの変化もないのなら、わたしにとっては、わかるということに意味はない（それは考えつづけることだよ、とかいわれそうである）。ニーチェは、カントは、ラッセルはこういっているんだな、と解説することができるようになるだけ、というのなら意味はない。

前にふれたが、筒井康隆に『誰にもわかるハイデガー——文学部唯野教授・最終講義』という本がある。これはハイデガーの『存在と時間』を、だれにもわかるようにやさしく解説したもので、講演録である。

「頽落《たいらく》」という用語を説明し終えたあたりで、「さて、この次からがおもしろくなってくるんですけども、私は本当はこれ、ぶっ続けにやりたいんです」といいながら、主催者の要請で休憩を十分間とる。そのあともあまり講義が「おもしろく」なったとは思えないのだが、そうこうするうちに、こういう状態になってくる。「このへん、じつは僕よくわからないんです。ちょっと宗教的になってくるんです。今、第二編に入っているんですけど、第二編というのは非常に難しくなります。第一編の三倍くらい難しくなってですね。しかも読者に対して非常に不親切ですね」

こういう調子で、じつは筒井康隆も「誰にもわかる」と銘打ちながら、サジを投げているのだ。ところが、この本には最後に大澤真幸の解説がついていて、大澤は「ハイデガーの主著『存在と時間』をこれ以上（筒井のこの本以上に……引用者注）わかりやすく解説することは不可能だ」と書いている。だが筒井の解説を読んでも一向にすっきりしないのだ。たとえわかったにしても、なんの変化の予感もないのである。

ようするに、頭の問題だけである。プラトンが、カントが、ヘーゲルがいわんとしていることは、こういうことだ、と理解できるということだけだ。そのことで当人の人間性はなんの変化もないのである。元々、だれも「名著・名作」を読んで自分が変わることなど期待していないのである。

だが頭で理解したのではなく、心が震撼したのなら、なにがしかの変化があるはずではないか。立花隆や出口治明は、読んだ本が「血と肉」になったという。わたしには一切そんな実感がない。たぶん、なってはいるのだろうが、自信をもってそうはいえない。「心」なら自分でつくり上げた自信があるのだが。

「読んだことあるよ」といって、「離」れていく

では、わたしが名著（名作）に挑んでよかったことはなにか。そんなものあるのか。これがあるのである。ケチなことかもしれないが、わたしには大切なことのように思える。

ある「名著」の著者やタイトルがなにかの拍子に話柄となるとき、人や自分に、「（著者や書名は）名前だけは知ってるよ。読んだことはないけどね」といえることだ。あるいはもう一歩進んで、「一応読んだことはあるけどね（正確には、読もうとしたけどね）。とてもじゃないが、読めたもんじゃなかったよ」といえることである。

　このようにいえることの、どこが大切なのか。著者名と書名を知り、真剣に読もうとしたことがあるという体験をしたことだ。その本の内容が理解できたかどうかは、もうどうでもよくなっている。理解できなかった、という事実は、一応意味がある。読もうとしたが、まったくわからなかった。その結果、おれにはまったく不要なものだった、ふつうの人間には読めたもんじゃないよ、と自信をもっていえることである。

　つまり、名著幻想（名著信仰）から解放されるということだ。「名著」という世評に支配されず、こだわらず、阿《おもね》らず、脅かされず、また盲目的に憧憬することなく、自分にとってのほんとうの名著が確定するということだ。世界的な評価は評価として、自分にとっての評価が確定すること、すなわち「わからなかった」あるいは「読めやしない」「自分には合わない」と自信をもっていえるようになるのである。

　これはなんのとっかかりも見いだせない哲学の「名著」に多く生じることである。文学の「名作」については、哲学のようなわからなさはない。しかし「名作」がたとえわからなくても、「ひょっとして、これ凡作じゃね？」といえるようになるのである。

『利休道歌に学ぶ』の著者阿部宗正が、「（前略）さらに規矩作法を熟知して自由闊達な働きができ、何のとらわれもない、守破離の『離』の段階ともいえる境地にまで到達したとしても（後略）」と書いているように、これは「名著・名作」からの「離」であり、また、自分がなりたいと願ったあるべき自分からの「離」でもある。

わたしが「名著・名作」の「規矩作法を熟知して自由闊達」になったわけではまったくないが、「何のとらわれもない」境地には達したのである。「破」だけではまだ不十分だ。「離」を経験して、「本《もと》を忘るな」の「本」に立ち返っていかなければならないのである。

文学の名作は好きか嫌いかだけの違い

小谷野敦がこんなことをいっている。「文学作品に普遍的な価値基準は存在しない」（『『こころ』は本当に名作か――正直者の名作案内』新潮新書、二〇〇九。以下同）。ではなにがあるのか。あるのは「要するに個々人の趣味嗜好の違い」だけである。まったくそのとおりだと思う。「ある文学作品をいいと思うか、共感するか、ということは、読者の側の年齢や経験、素質、趣味嗜好といったものに、かなり大きく左右される、と私は思っている」。わたしもそう思っている。男か女によってもちがうだろう。

また、文学・音楽・美術・映画などが「わかる」とはどういうことか。おまえにはこの本が読めていない、とか、おれクラシック音楽がわからないんだよな、とか、いうことはある。それもまた小谷野は「単に『面白いと思う』の意味である」と、一刀両断。ようするに、好きか嫌いかの違いしかない、ということだ。

小谷野はさらにこういっている。いい年をして、世評に従順なのは考えものだと。「高校生や大学生が、まだ難しいだろうといわれる文学作品に取り組んだりするのは、結構なことには違いないが、もしどうしても『ユリシーズ』が面白くない、とか、シェーンベルクの十二音音楽が面白くないと思ったら、嘘をついて、いやあ感動しました、と言うのも、若いうちはいい。けれど、三十、四十になってもやっぱり面白くないと思ったら、それは、はっきり、自分には分からない、と認めるべきなのだ」。

ほんとうなら「自分には分からない」ではなく、はっきりと「自分には面白くない」といえばいいのである。だが世間にはまだ「名作」や「名著」の信奉者が沢山いて、かれらと無益な軋轢を避けるためにも、「自分には分からない」といった一歩引いた控えめな表現にするほうが賢明ということになる。ある作品が「名作」であるかそうでないかは、どこまでいっても水掛け論で絶対に決着がつかないのだから。

とはいえ、若い連中は、「いやさすがキューブリックだ、あの映画はすごいよ」とか、「ピンチョンは神だな」と嘘をつくこともあるが、その一方で「なにがタルコフスキーだ、くっだらん」とか、「へっ、これが芥川賞？ おれでも書けるよ」と貶すこともある。どっちもどっちなのだが、そんな連中が「三十、四十になって」いきなり自分や世間に正直になるとも思われない。

小谷野敦は、世評名高い名作とされてはいるが、じつはそうでもないのではないかという代表に夏目漱石の『こころ』を挙げて、こういっている。『こころ』は『明暗』以上に「（筋に）不自然な点が多く」「文章さえよくない」。そもそも漱石が「大作家」と見なされていること自体が「腑に落ちない」。元々、『こころ』は発表当初は「失敗作」と見なされて「あまり論じる人はいなかった」のである。それが戦後、亀井勝一郎が「青春小説として紹介したあたりから妙に読まれるようになり、さらに高校の国語教科書に採用されて広まった」のだという。

わたしも『こころ』にはそれほど感心しなかったのだが、そんなことよりも小谷野が、こういうふうに、ある作品が「名作」になる過程を明かしたこと（推理した？）がおもしろい。つまり、亀井勝一郎という評論家の重鎮（？）が『こころ』を評価したこと、それが国語教科書に採用されたこと、が「名作化」の原因だったというのである。国語教科書に採用されたことも、もしかしたら出版社からの要請があったのかもしれない。読書感想文の課題図書に選ばれたかもしれない。多くの「名作」もおなじようにして「名作化」されたのだろう。出版社の「夏の１００冊」などに入れられたりして。

それでも小谷野敦は文学じたいへの信頼は失っていない。わたしはもう「文学」というものをあまり信じていないのだが。

年を取って文学がばかばかしくなる

わたしは「文学」というものがわからなかった。わからなかったが、「文学の名作」といわれるものには、一応敬意は払っていた。「三十、四十になって」もである。だが、敬意を払いながらも、あまりおもしろくないなあ、とは思っていた。それで文学の〈よさ〉や〈すごさ〉が「自分にはわからない」のだと思った。日本や世界の評価の歴史に異を唱えるつもりはなかった。まったく釈然とはしなかったのだが。

ところが、である。一九九八年に平野啓一郎、二〇〇三年に金原ひとみと綿矢りさ、二〇〇四年モブ・ノリオ、二〇〇七年に川上未映子が芥川賞を受賞した。わたしはこれらの決定に、なんだ二十歳前後の若い子が頭の中でこねくりまわして作り出したお話ではないか、とか、これらが受賞したことは、小説の中身よりも、衰退している文学界を盛り上げるための話題作りの動機が強いのではないか、と思ったのである。二〇一二年、黒田夏子の『ａｂさんご』が受賞するにいたって、こりゃなんだ、と思い、おもしろくない、文学なんかつまらん、とはっきりいっていいのだ、と決めたのである。

そう思ったのには、わたしなりの伏線がある。わたしは初期の村上春樹はどちらかといえば好きで、ほとんど読んでいた。それが徐々に、なんかいつもおなじような文章だなと思うようになり、ついに二〇〇二年の『海辺のカフカ』で、このように書けば（登場人物の名前の付け方、独特の比喩、軽々しいセックスシーンなど）、また読者が盛り上がるだろうなという意図が透けて見え、どうにも読者を舐めた作家だなあ、と思い、もうそれ以後、読むのをやめたのである。もちろんわたしひとりが読むのをやめても、村上人気はつづくだろうし、村上春樹の盛名は微動だにしない。むろんそれでいいのだが、もうわたしには関係がないと思ったのである。

そうしてみると、ひとりの人間が頭のなかでこねくり回して考えた小説もさることながら、描かれた人物や物語について、ああでもないこうでもないと青筋立てて評論したりする作品論、ただ作家というだけでろくでもないかもしれぬ人間の生涯を調べ尽くす作家論や評伝などが、とてつもなくばかげたものに見えてきたのである。ただの小説を「名作」に見立て、ただの小説家を「文豪」に仕立て上げて、文学業界のなかで騒いでいるだけのことではないのか。もちろん、十把一絡げに決めつけるつもりはないが。

作り物の埒もないお話、という意味では、ミステリー小説も時代小説もおなじである。だが、それはあたりまえのことであり、前提である。文学だけがそうではないような顔をしており、それだけ嘘くささが高まるのだ。やはり文学は自分だけ別格の顔つきをしている。芥川賞はおもしろくない小説の代名詞であり、売れるのは直木賞である。

実際、考えてみれば、いったいノーベル文学賞のなにがありがたいのだ。村上春樹がノーベル賞を取ろうと取るまいとまったくどうでもいいが、もし受賞すれば、世間的には大ニュースであり、新聞・テレビは大騒ぎをする。社会はそのような見せかけだけの嘘くさい価値によって、できあがっているからである。

社会には格付けの序列があり、いったんできた序列は、その是非は問われることなく、それに従って維持される。マスコミはその序列システムのなかで相互にもたれあって、ただ騒ぐのが仕事である。その是非を問うことは、身の破滅を意味する。そのシステムの壁を突破した者にとっては、いったん入ってしまえばその内部は楽だが、突破するには高いハードルがそびえている。しかし外にいる者は、それに従う義理はない。おもしろくないと思えば、これは名作か？　全然おもしろくないぞ、といっていいのである。

しかし、これまた、いやもしかしたら名作かもしれない、ただわたしに合わないだけかも、と謙遜してみせるのが、大人の社会におけるマナーとされてはいる。でも自分にとっては凡作にすぎないのに、他の人にとっては名作ということは大いにありうるのだ。断じて名作ではない、愚作だ（あるいは傑作だ）、といいきることはだれもできない。だからアマゾンのブックレビューで星ひとつなどめったにつけるもんじゃない。

わたしがひとりいったからといって、世間の評価が変わるわけではないし、またその反対に自分の読み方がまるでなっちょらん、ということは大いにありうることである。であるからにはせいぜい、わたしはこの本は好きではない、少なくともわたしにはおもしろくない、と一歩引いておくのが無難である。自分が下す評価に命を賭けているわけじゃないんだから。

ほかのジャンルの隣人としての名著

経営者が選ぶ名著というのがある。プレジデント編集部編『経営者80人が選ぶ「わが1冊」――仕事の指針、心の特効薬』（プレジデント社、二〇〇八）である。

これは企業経営者に〝この一冊〟を選んでもらうという企画なのだが、①司馬遼太郎の作品、②『失敗の本質』、③『ローマ人の物語』、④『四書五経』は対象作品から除外してください、と頼んだ上での企画である。これまでの経験からこの四冊を選ぶ人があまりにも多いため、この四冊は「殿堂入り」としたという。ただし経営学やビジネス書の古典といっていいドラッカーの『マネジメント』や、カーネギーの『人を動かす』や、松下幸之助『道をひらく』などの定番ものは入っていない。

セイコーエプソン相談役の草間三郎氏は伊丹敬之『日本型コーポレートガバナンス』を挙げている。帝国ホテル顧問・藤居寛氏は扇谷正造『人間こそ宝庫』、丸紅会長・勝俣宣夫氏は小倉昌男の『経営学』（これはわたしも名著だと思う）、武田薬品工業社長の長谷川閑史氏は稲盛和夫の『生き方』を挙げている。いわく「人間として正しいことを追求するという素朴な価値観を強い意志で貫き、日々誠実に努め求道に生きてこられた稲盛氏の

『生き方』に感銘を受けた」「心の持ち様で人生は変えられること、仕事を愛し、創意工夫を凝らし、愚直な努力を続けることで、平凡な人間も非凡に達するという言葉にビジネスパーソンは勇気づけられるだろう」。

サッポロビール元社長の福田貞男氏は童門冬二の『小説上杉鷹山』を挙げている。社長就任時に社員に「強くて良い会社を目指そう」と語ったのも「鷹山のことが頭にあったのかもしれない。鷹山の改革から学ぶ」ことは「多い」。日本電産社長の永守重信氏は中村天風『成功の実現』。「三十代からの愛読書である。仕事で迷いを感じるたび一四〜一五回は読んだと思う」「本来は苦しいときよりも、絶好調時に自分を戒めるため読む本かもしれない」。

日清製粉グループ本社常任顧問の長谷川浩嗣氏は池田晶子の『暮らしの哲学』。「著者は人生最後となる春夏秋冬の中で、あくまでも平易な言葉で存在の謎を問い続けた」。セーレン株式会社社長の川田達男氏は山崎豊子の『不毛地帯』を挙げる。「主人公の、筋の通った生き方が好きです」。株式会社武蔵野社長の小山昇氏は高木彬光『白昼の死角』を推薦。学生時代、「主人公の天才的な詐欺の手口の数々を見て、あっという間に虜になってしまいました」。

その他、選ばれている名著は、J・C・コリンズ『ビジョナリーカンパニー』、J・A・シュンペーター『企業家とは何か』、スティーブン・コヴィー『七つの習慣』、リチャード・フォーティ『生命40億年全史』、半藤一利『昭和史1926–1945』、ジャレド・ダイアモンド『文明崩壊（上・下）』、石光真人編著『ある明治人の記録』、サミュエル・ハンチントン『文明の衝突』、渡部昇一『ドイツ参謀本部』、佐藤一斎『言志四録』、城山三郎『気張る男』、吉川英治『三国志』、宮本輝『約束の冬（上・下）』、山本周五郎『小説日本婦道記』などである。

この『経営者80人が選ぶ「わが1冊」』は、バラエティに富んでいて『必読書１５０』なんかより、よほど参考になるし有益である。ここに挙げられている本は、だれでも手に取ることができ、だれにでも読める〈地上〉の名著ばかりである。いや、無理に「名著」に祀り上げる必要もない。隣人としての名著だ。

名著は自分で発見するもの

世界の名著があり、日本の名著がある。そのラインアップは不動ではありえないが、「名著」といわれる本はいつの時代にもありつづける。それはそれとして認めるほかはない。小谷野敦のように『こころ』は名作とは思わないというのは自由だが、それでも『こころ』は今後も、やはり「名作」でありつづけるだろう。それが世界システムの在り方である。人間は「名作」をつくり、「名画」をつくり、「名曲」「名人」「名勝」「名物」「名刹」「名将」「名家」「名君」……をつくった。

前にもふれたように、これはランク付けをしたがる思想によるものであろう。「ニューズウィーク」が「世界が尊敬する日本人100」を特集したりするのとおなじで、選考はまったく適当である。一体世界のだれが尊敬してるんだ？　といえるのとおなじで、いったいこれのどこが名著なんだ？　とつねにいいうるのである。これは一種のブランド化といってもよく、この稀少化によって富の集中と再分配が画策されているようにも思われるのだが、いまはそんなことはどうでもよい。

それはそれとして、結局、名著は自分で発見するものである。自分が発見した名著だけが、自分にとってほんとうの名著である。第2章で齋藤孝の「マイ古典」五十冊を紹介した。齋藤にとっても、自分にとっての重要な古典は自分で決めるほかはない、という意識があると思われるが、しかしその五十冊は、すでに世界からお墨付きを与えられた名著のなかから選ばれたもので、お釈迦様の手のひらで遊ばされている五十冊にすぎない。

それでも五十冊では少ないと感じた齋藤は、さらに「おまけのプラス五〇選」を追加している。これは齋藤孝がごく私的に選んだ独自の「五〇選」かと思ったら、それもまた伝統的名著群のなかから選ばれていてがっかりである。半分ほど書名だけ紹介してみる。『氷川清話』『留魂録』『うひ山ぶみ』『遠野物語』『日本の面影』『東海道中膝栗毛』『世間胸算用』『曾根崎心中』『桜の園』『ガリア戦記』『孫子』『人間喜劇』『ホモ・ルーデンス』『パンセ』『魔の山』『車輪の下』『精神現象学』『論理哲学論考』『ソシュールの思想』『映画の弁証法』。これらが「おまけ」で追加されているのだ。『精神現象学』も『論理哲学論考』も「おまけ」。勧めるほうは気楽でいいねえ。

匿名書評家「狐」の名で知られる山村修が陽の目を浴びたのは、だれか（評論家か作家）がその見事な文章と卓越した着眼点を褒めたことに端を発していると思われる。向田邦子の『父の詫び状』を読んだ山本夏彦が「向田邦子は突然あらわれてほとんど名人である」と評したように、定評のはじまりは大概一人の人間による評価である。その評価に違わず、山村修の『書評家〈狐〉の読書遺産』（文春新書、二〇〇七）と『〈狐〉が選んだ入門書』（ちくま新書、二〇〇六）はいい本である。

山村修は「入門書こそ究極の読みものである」と書いている。しかしこれは一種の修辞である。かれは「入門書」に新たな意味を与えたのである。ふつう入門書といえば、難解な原典の手引書といったものだが、山村のいう入門書とは「むしろそれ自体、一個の作品」で、「その本そのものに、すでに一つの文章世界が自律的に開かれている。思いがけない発見にみち、読書のよろこびにみちている」。そのような本のことである。そして、そのような本は「入門書のなかに存外に多いのです」。

山村は入門書のなかに名著を見出しているのである。そのような入門書として、武藤康史『国語辞典の名語釈』、橋本進吉『古代国語の音韻に就いて』、三好達治『詩を読む人のために』、窪田空穂『現代文の鑑賞と批評』、遅塚忠躬『フランス革命――歴史における劇薬』、内藤湖南『日本文化史研究』、前田英樹『絵画の二十世紀』などを挙げている。えらいものだ。山村は自分でこんな本を見つけている。自分で探し、読み、これはおもしろい、と驚き、感動し、笑い、感心しているのである。結局、本は「夢中になって読めるものであれば、ほんとうにどんな本でもいいのです」。

藤原正彦の『名著講義』（文春文庫、二〇一二）には、藤原が選んだ十二冊の「名著」が収められていて、これもおもしろかった（多分に、日本の名著の定番が多いが）。

新渡戸稲造『武士道』、内村鑑三『余は如何にして基督信徒となりし乎』、福沢諭吉『学問のすゝめ』、日本戦没学生記念会編『新版 きけ わだつみのこえ』、渡辺京二『逝きし世の面影』、山川菊栄『武家の女性』、内村鑑三『代表的日本人』、無着成恭編『山びこ学校』、宮本常一『忘れられた日本人』、キャサリン・サンソム『東京に暮す』、福沢諭吉『福翁自伝』、藤原正彦「『若き数学者のアメリカ』から『孤愁』へ」。

この選書は、日本人を考えるための名著である。また、この『名著講義』は、学生たちとの対話・問答形式になっている。福沢諭吉『学問のすゝめ』の回が、藤原の解説が冴えて感動的である。ただ、自著を挙げているのはいただけない。『若き数学者のアメリカ』はたしかにおもしろいが、「名著」にはあたらない。

わたしは人の推薦図書を見るのは好きだが、自分では「わたしの傑作ベスト10」みたいなものは書いたことがなかった。と思っていたら、『定年後に読みたい文庫１００冊』（草思社文庫、二〇一五）に「別格の9作品」として挙げたことを思い出した。参考までにここに著者名と書名だけでも記しておこう。

池波正太郎『真田太平記（全十二冊）』、北方謙三『三国志（全十四冊）』、大西巨人『神聖喜劇（全五冊）』、高木俊朗『陸軍特別攻撃隊（全三冊）』、池井戸潤『空飛ぶタイヤ（全二冊）』、西岡常一・小川三夫・塩野米松『木のいのち木のこころ——天・地・人』、ケン・

フォレット『大聖堂（全三冊）』、ユン・チアン『ワイルド・スワン（全三冊）』、R・D・ウィングフィールド『クリスマスのフロスト』。以上である。いまもこのままでいいが、ひとつだけ追加してベスト10にしておこう。ドン・ウィンズロウ『ザ・ボーダー（全二冊）』である。しかし、これらはあまりひとから賛同を得られないのが無念である。

純粋読書の楽しみに戻る

これで思い残すことなく、というか、晴れて、純粋に読書を楽しむことに還ることができる。純粋読書といえば聞こえはいいが、娯楽のための読書である。さらにこう書くと不評だろうが、暇つぶしのための読書といってもいい。前にもそんな本は読んでいた。しかし、やはり文芸評論や義務としての読書のあいだの息抜きとしてである。あくまでも読書の主は、文学、名作、名著のほうであり、娯楽本はその一級下の息抜き本でしかなかったのだ。だが、断然おもしろかったのがそっちだったのは、いうまでもない。

いまではもう、こんな本ばかり読んでいていいのか、というコンプレックスに圧迫されることはない。そしてまた、なんのプレッシャーもないところで、またあの「名著」や「名作」を読んでみようか、と思えば、ふたたび挑戦することができる。

仕事や学業に役立てようとする実利的読書ではなく（当然、それらを否定するのではない）、ただ単純に「ああ、おもしろかった」と思えるような自由な読書の楽しさを強調したい。たかが活字が並んでいるだけなのに、おもしろい本はなぜかくもおもしろいのか、という点を称揚したい。実際、おもしろい本は無類におもしろい、ということは大したことなのだ。

第5章　読書家たちの読書論を読む

素人の読書人生

かくしてわたしはめでたく「名著・名作」幻想から解き放たれた。五十は過ぎていただろうか。それにしてもこんな年まで、名著・名作の呪縛を脱することができなかったとは、迂闊なことだ。わたしはどこにでもいる、たかだか本好きの素人にすぎず、せいぜいいって、人並みよりは多少多く読んでいる程度である。分野も幅も狭い。それでも遅まきながら名著・名作から解き放たれて、気持ちはすっきり穏やかである。

いかにも晩生《おくて》だったが、読書はわたしの人生のなかでは、なくてはならぬものだったという意味では、わたしにもそれなりの読書人生というものはあったといえるかもしれない。三十半ばから四十半ばくらいまでだったか、十年間ほど、大学ノートに読んだ本の著者・タイトルだけを記録した。感想文も読書カードもつけなかった。めんどうに思えたからである。橋川文三先生が、岩波文庫の表紙裏に、その本の要点と該当頁を箇条書きに記したところを見せて、こうしておくとあとで役に立ちますよ、と我らぼんくら学生たちに教えてくれたが、感心しただけで従わなかった。

長年、本を読んでいれば、読む本の傾向も、読み方も、好きな作家も、徐々に決まってきて、人が、あの店の餃子はうまいよとか、あそこのカツカレーは比類がない、という程度には、本について云々することができるようにはなった（食についてあれこれ語るよりは、本について話すことのほうが、品はいい）。しかし、世の中には途方もない読書家（読書人）が存在するものである。作家や学者や評論家たちである。もちろん、市井にも恐ろしい人がいるが、かれらのことは知るすべがない。

わたしは人がどんな本を読み、どんな本を推薦しているか、に興味がある。本屋にいてもそうである。人がどんな本を手に取るか、どんな本を棚から抜き取るか、を注視しているわけではないが、時々気にはなる。それで八十歳くらいのじいさんが、マドンナ文庫を手に取ったりするのを目撃することにもなる。『毎日新聞』の日曜読書欄にある「昨日読んだ文庫」というコラムも好きだ。たまにしか見ないが『週刊文春』で三人の評者が持ち回りでやっている読書に関するリレー連載や、「ミステリー」のコラムも有用である。各紙が年末にやる「今年の収穫3冊」も楽しい。

世の読書家の本も多く出版されている。多くは読書技法に関するもので、わたしはその類いの本は基本的に読まない。人がどんな本を読んでいるかは興味があるが、どのように読んでいるか（速読の方法とか、読書カードをつくるとか）、その読み方を知ろうとする気はない。いまから二十年前ごろ、読書論といえば「知の巨人」立花隆の独壇場だった。

しかし最近では、作家や評論家だけではなく、経営者や書評家やブロガーや東大生らが読書論を書くようになった。ここで何人かの読書家の読書論を見てみることにする。今回まとめて読んだのである。

ひと昔前は「知の巨人」立花隆の独壇場

立花隆の読書本で有名なのは、なんといっても『ぼくはこんな本を読んできた――立花式読書論、読書術、書斎論』（文春文庫、一九九九。元本は一九九五）である。「知の巨人」である立花隆の読書の秘訣が開陳されているのかと、読者が殺到して、ベストセラーになったのである。

この本は、当時わたしも読んだ。次いで、『ぼくが読んだ面白い本・ダメな本　そしてぼくの大量読書術・驚異の速読術』（文春文庫、二〇〇三）、『ぼくの血となり肉となった五〇〇冊　そして血にも肉にもならなかった一〇〇冊』（文藝春秋、二〇〇七）、『読書脳――ぼくの深読み300冊の記録』（文春文庫、二〇一六）と出版されている。

この四冊は「週刊文春」で一九九二年から連載された「私の読書日記」をまとめたものである。立花の特徴は小説の類いを一切読まないことである。『読書脳』で、こういっている。本選びの基準は「広義の『面白い』ということに置いている」が、文字通り「広義」の意味においてである。「といっても、単なる娯楽本読み物本のたぐいは、いっさい排除している。フィクションは基本的に選ばない」とあり、娯楽本や小説の類いは一切無視しているのである。理由がいい。

立花隆は「二十代の頃はけっこうフィクションも読んだが、三十代前半以後、フィクションは総じてつまらんと思うようになり、現実生活でもほとんど読んでいない」と書いている。なぜなら「人が頭の中でこしらえあげたお話を読むのに自分の残り少ない時間を使うのは、もったいないと思うようになったからである」。わたしはそのことを看破するのに多大な時間を要した。立花みたいに、文学など「人が頭の中でこしらえあげたお話」にすぎない、といい切る自信がなかったのである。

衝撃的だったことは、「ぼくの血となり肉となった五〇〇冊」といっていることである。そうか立花ぐらいになると「血となり肉とな」るのだろうな、と感心したものである。わたしも「血となり肉となった」本はあるのだろうが、どれがどうとはいえぬ。またその実感もない。ほんとうはなんの血にも肉にもなっていないのではないか、という疑いをぬぐえない。せいぜいテレビのクイズ番組で多少難しい問いに答えることができる程度の、薄い血でやせ細った筋肉にすぎない。そんなもの、なんの役にも立たない。

学びと成長の丹羽宇一郎

　伊藤忠商事の元会長で中国の元特命全権大使の丹羽宇一郎は、本は「読まなくても本人の勝手です」といっている。そりゃそうだ。しかし、それで済むわけはない。かれは本を読まないのは「勝手」だといってるだけで、読まなくていい、といっているわけではないのである。本音をいえば、本を読まないことで、どんな人間になっても知らんよ、といいたいのではないか。その証拠に、本を読めばこんな人間になる、といっている。

「読書の楽しみを知っている人にはわかります。本を読むことがどれだけ多くのものを与えてくれるかを。考える力、想像する力、感じる力、無尽蔵の知識や知恵……、読書はその人の知的好奇心、そして『生きていく力』を培ってくれます。それなりに本を読んでいる人にとって、本が一冊もない人生など考えられないはずです」（『死ぬほど読書』幻冬舎新書、二〇一七）。

　本のない人生は考えられない、というのは、本好きならだれでも感じることだ。しかし本は「想像する力、感じる力、無尽蔵の知識や知恵」を与えてくれるというのは、わたしには明言する自信がない。そんなことを感じたこともない。そのような「力」を本と人から得たことはたしかだろうが、それはむしろ僥倖なことにすぎなかった。「生きていく力」も授かっていたのか。わたしは単純に本がおもしろかっただけである。

「どんなものでも数多く読めば、必ずいろいろな好奇心の種が心に播《ま》かれます。／すると、その種が発芽し、いままで馴染みのなかった類の本に食指が動く。それとともに読書の幅が広がり、読む本のレベルも上がっていきます。読解力がつき、読むスピードも速くなるでしょう。手にした本の質を見抜く眼力も鋭くなります。まさに螺旋を描くように読書力がついていく。それもまた読書の醍醐味です」

　読書の幅が横に広がるのはほんとうだが、「読書力」が身につくというのははたしてどうか。これも丹羽とわたしの読書に対する目的意識や意欲の差、読書の質の差かもしれない。

　とても敵わないなと思ったのは、金に糸目はつけない点。「本は、基本的に身銭を切って読むものだと思います。数多くの本のなかから選んでお金を使ったという意識もまた、借りるのに比べて、本に対する意気込みを変えるのだと思います」。こんなことはどうでもいいことである。驚いたのはこれ。

「読みたい本は、どんなに高いものでも躊躇なく買ってしまいます。どうしても読みたい本が古本屋にしかなく、それが仮に20万くらいしていても買う。興味のある本を読むためなら、いくらお金を使っても惜しくはない」。わたしも二、三万くらいなら我慢できるが、さすがに「20万」は無理。「本にお金を使うことは自分を成長させるための投資であり、後からいろいろな形となって必ず生きてきます」。わたしに、自分への投資、という概念はない。あとから「必ず生きてきます」というのも、どうかね。

丹羽は、学生運動をやったから、大月書店の『レーニン選集』『マルクス＝エンゲルス選集』は「全巻そろえて持って」いたという。そのこと自体は格別驚くべきことではないが、アイザック・ドイッチャーの『武装せる予言者・トロツキー』は「原書で苦労しながら読んだ」という。これはすごい。敵わないのはここである。わたしなんかとはさすがに出来がちがう。

ところで丹羽はこういうこともいっている。自分には「笑う」感情が不足していると気づいたので、新宿の「ルミネ the よしもと」と大阪の「なんばグランド花月」に、「経済界の方々と出かけましたが、とても勉強になりました。とくに政界、経済界、役人の方々には、ぜひとも一度行ってみることをおすすめします。このような体験は間違いなく心に新鮮なプラスの効果を及ぼすと思いました」。

テキトーなことをいってはいけない。大企業の経営者たちが、ひとつ庶民に人気の「お笑い」とやらを後学のために視察してみますか、とお揃いで出かけ、いやあじつに「新鮮な」経験でしたな、と見下しているような嫌な感じである。これに関しては、お笑い好き五十年の歴史をもつわたしも一言いわざるをえない。こんなこと、付け焼刃で「勉強」してもしようがない。ましてや「一度」くらい見ただけで、「勉強」できるものでもない。それに「お笑い」はそんなにおもしろいわけでもない（八割、おもしろくない）。しこたま見ないとお笑い鑑識眼は身につくものではない。そんな鑑識眼、要らないだろうが。

「本は感情を豊かにするだけでなく、ふだんあまり自分が出さない種類の感情も学ばせてくれる。読書は感情をも磨いてくれるのです」。どうも丹羽は、勉強だの学びだの成長ばかりである。本の効用をいうのもいささか形式的である。でも、これが読書論の正当なのかもしれない。そして読者が求めているのも、このような役に立つ読書論かもしれない。わたしみたいに、読書はただおもしろければいい、というのは不評で、むしろ少数派みたいである。読書人の自尊心を煽らないからか。

〝おもしろさ〟の基準がまったくちがう出口治明

出口治明の読書はちょっと桁が違いすぎる。驚愕しました。「物心がついた頃（幼稚園の頃）」から「本の虫」だったという。恐るべきことに、小学生のときには『少年少女世界文学全集』全五十巻、『少年少女世界科学冒険全集』全三十五巻を読破し、中学生のときには岩波文庫の『プルターク英雄伝』、伊藤正徳他監修『実録太平洋戦争』全七巻、『少年少女世界ノンフィクション全集』全十二巻を読んだ。

高校生時代には『チボー家の人々』全十一巻（これはたぶん白水Uブックスだろう）、『ジャン・クリストフ』『カラマーゾフの兄弟』『戦争と平和』『静かなドン』、その他『日本現代文学全集』『世界の歴史』『日本の歴史』を読んだという。いったいこの三つの全集だけでも、合計何十巻あるのだ（『本の「使い方」――1万冊を血肉にした方法』角川ONEテーマ21、二〇一四）。

南方熊楠は別格としても、しかし、こういう人はいるものである。江藤淳も相当に早熟だったらしいが、出口もすごい。小学校や中学校のときの読書なんかもう無茶苦茶である。当時の日本中の小学生や中学生のなかでも、読書量は一、二位を争うのではないか。なぜかはわからないが、そのように生まれついたのだとしかいいようがない。まさに稀有である。わたしなんか足元にも及ばない。

「私にとって読書は、食卓に並ぶ『おいしいおかず』のようなイメージです」「といっても、『本はかくあるべきもの！』『本はこう読め！』などと押し付けるつもりは毛頭ありません。およそ価値観の押しつけほどつまらないものはありません。本の読み方には個性があっていいし、その個性もまた、読書の楽しみ方のひとつだと思うからです」。寛容でいいではないか、と思っていたら、丹羽もそうだったが、こういう人はかならず、とはいうものの、と逆転するのである。

出口は「押し付けるつもりは毛頭ありません」といっておきながら、「（本には）毒があったほうが、読み手の心に深く残ります。心のどこかに引っ掛かって、私たちの人生を変える、よすがになります。／毒が回らない本は、『ああ、おもしろかった。すっきりした。はい、全部、忘れて、それでおしまい』です。そのような本は、私にとって、読むだけ時間のムダです」（傍点原文）といってしまうのである。

まあ、価値観を「押しつけ」てはいないかもしれない。「ああ、おもしろかった」だけの読書は自分（出口）にとっては「時間のムダ」でしかなく、そういう読書を自分はしない、といっているだけである。もちろん知識や情報を得るための読書はある。内容が重くて、考えさせられる本もある。しかし出口はあきらかに、「ああ、おもしろかった」だけの本は無意味なものだと見下している。

かれは「毒が心地よく回って、『ああ、目からウロコが落ちた』『おもしろすぎて、誰かに話したくてしかたがない』と思える本が、私にとってのいい本なのです」といっているが、出口にとっての「おもしろさ」の基準は、普通の娯楽的「おもしろさ」とはまったくちがうのである。出口は読書の効用として「血肉」となることを求める。「血肉」にならない娯楽本の読書は「読むだけ時間のムダ」な読書だといっているも同然で、表向き寛容なことを書きはするものの、本音は意外と不寛容である。

ただし、本は身銭を切って買え、という人が多いなかで、出口は柔軟である。「本が増えては困るので、最近はもっぱら図書館を利用しています。／新聞の書評を読んで無性に読みたくなる本が見つかったら、パソコンで図書館にリクエストを出します。いまは3つの図書館を利用していて、リクエストをしている本が、常時、10~20冊ぐらいあります」。けっこうなことである。

また出口は速読はしないという。「どれほどたくさん本を読んでも、残存率が低ければ、意味がありません」「大切なのは、残存率であって、『何冊読んだか』よりも、『どれだけの知識や情報が身に付いたか』です」。この「残存率」には驚いた。わたしはそんなこと、考えたこともない。そんな数字がわかるものなのか。まあ大体のところなのだろうが、わたしなど一パーセントも「残存」していないのではないか。

> 本は、おもしろそうに思える本を素直に読んでいけばいい。将来的に、役に立つかもしれないし、役に立たないかもしれない。それはどちらでもいい、と思います。自分の興味がある本を、ひたすら読む。あるいは、人から薦められた本を食わず嫌いをしないで読んでみるのもいい。
>
> 功利的に本を読んでも、だいたいはうまくいかない気がします。世の中にそんなにすぐに役に立つおいしい話はありません。好きな本を読んで、じっくりと体の中に毒が回ってくるのを待てばいいと思います。
>
> （『本の「使い方」』）

わたしもそう思う。しかし出口は読者への謙虚な物言いとはちがって、本心ではやっぱり有用性重視である。出口は、あまり読書の「毒」などといわないほうがいい、とわたしは思う。なにが「毒」だ、とさえ思う。

「私は本の虫です。無芸無趣味のナマケモノで、一緒にいて楽しい家族や友人がいて、普通にご飯が食べられ、楽しく酒が飲め、ぐっすり眠れたら、人生では後は何もいらないと心底思っています。そして、空いた時間は、もっぱら読書と旅（観劇や鑑賞を含む）に充てています」（『ビジネスに効く最強の「読書」――本当の教養が身につく１０８冊』日経ＢＰ社、二〇一四）。

こんな文章に騙されてはいけない。読書家の皆さんは、どうも謙遜はうまくないようである。「無芸無趣味のナマケモノ」はおれとおなじだな、などと安心してはいけない。「一日は24時間しかありません。断捨離が大切です。私は、昔からテレビとゴルフは捨てています。人間は、島崎藤村の『三智』ではありませんが、人に会い、本を読み、世界を旅すること以外に賢くなる（人間と人間がつくった社会のことを知る）方法はありません」（同書）。

立派なことである。出口治明は、日本生命に入社し、保険業界で重職を担い、ライフネット生命を創業し、ついには立命館アジア太平洋大学の学長に就任した。適職を得て、さぞかし本望であろう（嫌味をいっているのではない）。書くものもこれまでの読書論などは卒業して、『人類５０００年史』、『全世界史』や『哲学と宗教　全史』という壮大な著作を書くようになっている。到底ただの「ナマケモノ」にできる芸ではないのである。

　翻って、わたしは正真正銘の「無芸無趣味のナマケモノ」なので、テレビは欠かせない。それで、わたしはわたしで、不満はないのである。

この人の多作ぶりがすごい齋藤孝

　とにかく著書の多いのが齋藤孝である。ほとんど毎月二冊ずつ出しているのではないか。読書に関する著書も多いが、そのなかの一冊である『読書力』（岩波新書、二〇〇二）は、「『単なる娯楽のための読書ではなく』、『多少とも精神の緊張を伴う読書』が、この本のテーマだ」とある。他の本のどこかに謙遜している文章を書いているのかもしれないが、「単なる娯楽のための読書」を敢然と排除している点では、むしろ潔い。けっして読者に媚びないし、読者を甘やかさないのである。

　私がひどく怒りを覚えるのは、読書をたっぷりとしてきた人間が、読書など別に絶対にしなければいけないものでもない、などと言うのを聞いたときだ。こうした無責任な物言いには、腸《はらわた》が煮えくり返る。ましてや、本でそのような主張が述べられているのを見ると、なおさら腹が立つ。自分自身が本を書けるまでになったプロセスを全く省みないで、易《やす》きに流れそうな者に「読書はしなくてもいいんだ」という変な安心感を与える輩《やから》の欺瞞性に怒りを覚える。
本は読んでも読まなくてもいいというものではない。読まなければいけないものだ。こう断言したい。

（『読書力』）

あの、つねににこやかで穏やかな斎藤を、「腸《はらわた》が煮えくり返る」ほど激怒させた人間はだれなのか、実名を挙げてもらいたい（丹羽宇一郎も出口治明も該当するだろう）。ちなみにわたしは、本なんか読まなくてもいい、と考えている。わたしは好きだから読むが、読みたくない人は読まなくていい。それは、世界には実際に本を読める環境にいる人が少ないことによる。また、本がない昔も人は生きていたのだし、本を滅茶苦茶に読んでいる人間のなかに、愚劣な人間が多いことにもよる。

しかし斎藤は、本は「読まなければいけないもの」と断言する。なぜ本を読まなければいけないのか。斎藤はこういっている。「何よりも『自分をつくる最良の方法だからだ』」。これは根拠が弱い。斎藤個人には有用だったかもしれないが、なんら一般性はない。わたしも二十年ほど前に『自分をつくるための読書術』（ちくま新書）という本を書いたことがある。たしかに読書には、自分という人間の形成に資するなにかがある、まれには決定的な力を持っている、という自分の経験を書いた。だがいまでは、そのことの一般化は無理だと思っている（なかには、〝鼻持ちならないほど嫌な自分〟をつくりあげる者だっていないわけではないのだ）。

　齋藤はこういっている。「私は、自分自身の自己形成が読書に大きく負っているということを認識している」「読書によって培われた思考力が生かされているのを感じる」。それはそれで結構なことである。人によっては、そういう力を読書が持っているということはありうることだ。まあわたしは、本など読まなくても、自己形成も思考力も、その基盤は自分自身でつくりあげたけどね。大した「自分」ではなかったが。

「読書は思考活動における素地をつくるものだ。もちろん読書をしなくても考えることはできないわけではない。しかしそれは、四股を踏まない者が取る相撲のように、レベルの低いままに止《とど》まる」。「私が設定する『読書力がある』ラインとは、『文庫百冊・新書五十冊を読んだ』というものだ」。いかにもテキトーである。もっとも文庫百冊といっても、「推理小説や完全な娯楽本を除いたもの」で、「新潮文庫の百冊」の「ラインナップのようなもの」でなければならない。

　これが齋藤孝が考える「思考活動」の「素地をつくる」読書である。悪いが、そんな程度ではどうにもならないのではないか。なぜ「百冊」なのか。かれは「百冊というのは、キリのいい数字だということ」もあるが、「読書が『技』として質的な変化を起こすのが、およそ百冊単位だからだ」といっている。しかしこれはなんの根拠もない。

　齋藤の読書論の特徴は、本は読まなければならないと力むわりには、その読書法がけっこうテキトーで幼稚なことである。第2章でもふれたが、それ以外にもたとえば『使える読書』の目次には、「遠心力で読む」だの、「引用するために読む」「外科医的に読む」「負荷をかけて『型』で読む」などと、誇らしげにただの思い付きを書いている。

「私が考える読書力は、文学をまったく排除したものではあり得ない。純文学とは言わないまでも、人生のある時期に文庫に収められている様々な名作を読んでいることを、読書力の一条件としておきたい」。齋藤は「純文学」や「名作」というものをまったく疑っていない。それは、出口が「古典」を「時代を超えて残ったものは、無条件に正しい」といっていることと似ている（前掲『本の「使い方」』）。

　その反対に、「推理小説や歴史小説、エンターテインメントもの、雑誌やショートショートなど、わかりやすく読みやすい読書」は「いわば乳歯レベルの読書だ」、とても「自分をつくる」とか「自分を鍛える」というものではないといって、あきらかにバカにしてくれている。それは齋藤の勝手だからしかたがないが、もしかしたら齋藤は、ほんとにおもしろい本を読んだことがないのかもしれない。もっとも、そんな本はそもそも読む気がしないのだ、というかもしれない。

こういうこともいっている。「読書の幅が狭いと、一つのものを絶対視するようになる。教養があるということは、幅広い読書をし、総合的な判断を下すことができるということだ」「読書は人間の幅を広げ、器を大きくする」「読書はコミュニケーション力を育てる」。どうもただの紋切型のようにしか聞こえないのである。

ただし、こういう言説は正しい。「知らないことを恥だと思う文化自体がなくなってきてしまった」。昔は「本を読んでいないことが恥だとされる前提があった」。わたしが学生だった頃までは、相当薄れてきてはいたが、たしかにそういう文化はあった。齋藤に読書の素晴らしさを伝えたい、読書人口を増やしたいという使命感があるのはわかる。だが読書の効能をいくら説いてもだめである。本を読まない人間は、そもそも齋藤孝の『読書力』を読まないのである。

ほとんど学者並みレベルの佐藤優

佐藤優の読書のしかたがまた凄い。小学校二年のとき、父親が買ってくれた『学習こども百科』（全十巻＋別巻）を「ボロボロになるまで読んだ」。中学一年のときにはなんと、平凡社の『世界大百科事典』（全三十三巻＋別巻二冊）をはじからはじまで読んだというのである。長じて、戦前の日本で出ていた平凡社の全二十八巻の百科事典も全部読み、ロシア語で書かれた『ソビエト小百科事典』全五巻も読み、北朝鮮で出ている百科事典にも「目を通し」た（佐藤優・ナイツ塙宣之・土屋伸之『人生にムダなことはひとつもない』潮出版社、二〇一八）。ちなみに佐藤が創価学会を絶賛しているのにはびっくり。

比べるものではないが、佐藤優の『読書の技法――誰でも本物の知識が身につく熟読術・速読術「超」入門』（東洋経済新報社、二〇一二）を読むと、齋藤孝の「読書力」などは児戯にひとしく感じられる。まあ「超」がつくすさまじさである。毎月平均して三百冊以上に目を通す。多い月には五百冊。しかし、熟読するのは月平均で四、五冊。それ以外は、本によって「1冊5分程度で処理する『超速読』」と、「30分から2～3時間かけて取り組む『普通の速読』」を使い分けて読む、といっている。もう常識を超えていて、なんの参考にもならないのである。

ところが、佐藤が「本格的に本を読み始めたのは遅く、中学1年生になってからだった」という。え？　小学校二年のときに「ボロボロになるまで」読んだ全十巻の『学習こども百科』、中学一年のときに読んだ全三十三巻の『世界大百科事典』はなんだったのか。それはあくまでも勉強のうちで、読書に入らないということか。

中学で日本文学と世界文学の名作を読んだ。高校（埼玉一の進学校の浦和高校）では文芸部に入ったが、マルクス主義や実存主義が人気の時代で、ルカーチの『歴史と階級意識』などを「読んでないと馬鹿にする空気があった」。そこで、哲学書に目覚めた。高校生なのに本代は月に「2万円かかることもあった」。

同志社大学神学部に入学。「本の読み方も一変した」。神学のために「読書以外の基礎的勉強にかなりの時間をとられることになった」。英語、ドイツ語のほかに、コイネー・ギリシア語、古典ギリシア語、ラテン語、ヘブル語、チェコ語、朝鮮語を勉強した。哲学研究も必須だった。そのため「小説を読むのをやめ」、「テレビを遠ざけること」にした（わたしなんかはその逆で、テレビを見るために、本を遠ざけたというのに）。神学書は高価で、「1冊6万円、8万円する高額の洋書も必ず買っていた」。

鈴木宗男事件で逮捕された佐藤は、獄中で猛烈な読書をしている。「学術書を中心に220冊を読み、抜き書きや思索メモなどを綴った読書ノートを62冊作ったことは、後々の読書生活と執筆生活に大きくプラスに作用している」。なかでも『岩波講座　世界歴史』（全三十一巻）と『岩波講座　日本歴史』（全二十三巻）を「通読し、世界史、日本史についての基礎知識を強化できたことは大き」かった。「読書の要諦は、この基礎知識をいかに身につけるかにある」と強調している（『読書の技法』）。やはり哲学を読むにあたって、わたしは前もって「哲学史」を読むべきだったのだ。そんな問題ではない気もするが。

佐藤が推奨するのは、いわゆる読書ではない。勉強である。「筆者は功利主義者なので、無駄な読書はしない。リラックスするための娯楽の読書は、決して無駄ではない。リラックスして働くエネルギーを蓄えることは、仕事のために最も重要なことだからだ」といっている。出口氏とは違い、娯楽の読書を「時間のムダ」と切り捨てない。「小説や漫画は、娯楽として楽しんで読めばいいというのが筆者の基本スタンスだ」。

しかし、そういいながらも、佐藤の娯楽の読書は、堅苦しく窮屈である。『巨人の星』を「星飛雄馬型のビジネスパーソン」というように読んだり、『ゲゲゲの鬼太郎』を「ビジネスパーソンがねずみ男から学ぶべき点は多い」といったり、『クレヨンしんちゃん』

は「『人間と人間の関係の縮図』として読むことができる」などといっていて、全部仕事に結びつけるのである。性《さが》か。それのなにが楽しいのだ。それが佐藤の「リラックス」の仕方か。それで、村上春樹の『１Ｑ８４』は「ぜひ読んでください」。

なぜならば、ベストセラーはどんな作品であっても、その時代の雰囲気をつかんでいる。『１Ｑ８４』は文句なしに面白く、『ＢＯＯＫ１～３』を合わせると、すでに３００万部以上刊行されている。このテキストは活字を読む人々の共通の土俵を作っている。この土俵に乗ることで、さまざまな人との新しい知的出会いの機会が増え、この本を読む前と後では、世の中が違って見えてくる。たとえば、普天間問題を理解するためにも、とても参考になる。

（『読書の技法』）

ちょっと、なにをいってるのかわからない。わたしは『１Ｑ８４』を読んでいないからなんともいえないが、しかし「この本を読む前と後では、世の中が違って見えてくる」なんてこと、到底ありそうにもない。わざと読み違えているとしか思えない。

『読書の技法』の巻頭に佐藤の書斎と蔵書の写真が掲載されている。「蔵書は約４万冊」

とある。講座ものや西洋哲学者の本には驚かないが、『廣松渉著作集』があるのには驚いた。あれを揃えている人がいるのか。

佐藤優と松岡正剛の『読む力——現代の羅針盤となる150冊』（中公新書ラクレ）は、読みごたえがある。読むと自分の無知が身に染みて嫌になるけど、そこは自分は自分とわりきることである。

松岡は松岡で、自分が書いた千冊以上の書評を集めた『千夜千冊』（全七冊＋別巻）という狂気じみた本を出している。二〇〇六年に出たもので、総額九千五百円する。私が定年退職した年である。わたしは一瞬、相当無理をすれば買えるかなと思ったが、もちろん止めた。いまさらそんな無理をする理由がない。「千夜千冊」はすべてネットで読めるのだし。角川ソフィア文庫で「千夜千冊」の抜粋版がテーマ別で何冊か出ているが。これも買わないなあ。

成毛眞は下々を軽く見てはいないか

わたしがまったく同意するのは成毛眞（元マイクロソフト日本法人代表）の読書の仕方である。「ただただ、ページをめくるのが楽しい。これが読書の喜びであり、その喜びに耽溺してしまうのが本読みというものだと私は思う」「読書は道楽。そういう割り切りが大事だと私は思っている。成功するためにとか、何かの役に立つようにとか、目的をもって本を読むのはおカド違いというものだ。それではせっかくの面白い本も、面白くなくなってしまう。本を読むことに何も意味を求めない。純粋に面白ければそれでいい。それが私の読書の理想だ」（『面白い本』岩波新書、二〇一三）。

というわけで、いまのわたしの考え方にぴったり一致する。もはや「本を読むことに何も意味を求めない。純粋に面白ければそれでいい」のである。「それが私の読書の理想」ではない（いろんな読書があっていい）。現在のわたしの読書の現実である。

成毛の推奨するノンフィクション（成毛の好きな分野である）百冊がリストアップされているのだが、ここがすべての本好きの趣味が分かれるところである。

百冊の内（付録九冊を含めて百九冊）、わたしが読んだ本は、木谷恭介『死にたい老人』、神坂次郎『縛られた巨人』、増田俊也『木村政彦はなぜ力道山を殺さなかったのか』、プーラン・デヴィ『女盗賊プーラン』、マイケル・ルイス『マネー・ボール』、トルーマン・カポーティ『冷血』、辺見庸『もの食う人びと』、ユン・チアン『ワイルド・スワン』、リチャード・ドーキンス『利己的な遺伝子』、手塚正己『軍艦武蔵』の十冊だけである。つまり成毛と興味が重なるのはおよそ一割である。読んでみたいと思ったのは『鵤《いかるが》工舎の仕事』『君は一流の刑事《デカ》になれ』、ほか数冊。たしかに娯楽本ばかりである。

ところがその後、どうもこの成毛眞という人はけっこうな狸親父ではないか、と思うようになった。わたしが成毛の本を読んだのはこの『面白い本』（二〇一三）が最初である。その後、『本は10冊同時に読め！』（知的生き方文庫、三笠書房）を読んだ。この本が出たのが二〇〇八年。『面白い本』の五年前である。これがタイトルからもわかるように、『面白い本』とはまったくちがう趣向の本で、おなじ人間が書いたとは思えないほど挑発的かつ高圧的かつ小児的だったのである。

のっけに「はじめに」のなかに、こう書かれている。「庶民」という意味は、いまではただの「低所得階級」という否定的な意味でしかなく、そういう人は「何か行動を起こさないかぎり、確実に『庶民』以下の暮らしを強いられることになる」。それでもかまわないと思っている人は、自分のこの本を読む必要はない。「買うのをやめて吉野家にでも行けば、大盛りの牛丼を1杯食べられるだろう」（二〇一三年刊の版では、この部分が削られているようだ）。

どゆこと？　なにをイキがって、「庶民」にケンカを売っているのか？　わたしが持っている版は「２０１０年４月１日　第10刷」で、相当売れたようである。読者たちはこの「はじめに」を読んで、どう思ったのだろう。「この本で紹介するのは、『庶民』から脱け出すための読書術である」という言葉に縋《すが》ったのだろうか。成毛氏はこんなでたらめを平気で書いている。「高所得階級の人間になるか、低所得階級の人間になるか——その境目となるのは本を読んでいるか、読んでいないかの違いである」。

理屈にもなんにもなっていない。「ただし、ただ本を読んでいるだけではダメだ」といい、何様のつもりか知らないが、思いっきりの高所から「たとえば『趣味は読書。最近読んだ本はハリポタ、セカチュー』という人は、救いようのない低俗な人である」（この部分も二〇一三年度版からは削除）と、身の程を知らない恐ろしいことをいっている。「ビジネスハウツー書ばかり読む人」や「こうすれば儲かるという投資本」「できる社員系の本を読んでいる人」もダメ（これは正しい）。

なぜなら、「他人のノウハウをマネしているかぎり、その他大勢から抜け出すことなどできないからだ」。もうあなたやわたしは「その他大勢」扱いである。つまり人とおなじことばかりしているのでは、「庶民」からは脱出できない。「みんなが行く場所には行かず、みんなが食べるものは食べず、みんなが読む本は読まない。それを徹底すればいい」。

そんなのはただの頭の悪い天邪鬼ではないか。

しかし参ったね。成毛は本気でいっているのか。「みんなと違う読書法——それが、本書で紹介する『超並列』読書術である。『超並列』読書術とは、一言でいえば『本は10冊同時に読め』ということだ」。といっても、小説ばかり同時に十冊読んでも意味はない。「まったくジャンルの異なる本を同時並行的に」十冊「読みあさっていく」のが重要である。これだけで「高所得階級になれる可能性が出てくるのだ」。

無茶苦茶である。なにが「超並列」読書術か？ 単に十冊同時に読むということなのだ。カックンである。成毛を小児的、といったことに、それはいいすぎだろ、と思われた方も、おまえは正しいと思われることだろう。読者は、この著者はなんかふざけた野郎だなとか、テキトーなことをいいやがって、と思いながらも、ひょっとしたら、この「35歳にしてマイクロソフト日本法人の社長になれた」という著者の経歴にひれ伏したのか。本人もそのことが、相当に自慢のようである。

そのおなじ人間が、バカなことを書いたこともさっぱり忘れて、五年後、「ただただ、ページをめくるのが楽しい。これが読書の喜び」だの「読書は道楽」だの、「何かの役に立つようにとか、目的をもって本を読むのはおカド違い」だの、「本を読むことに何も意味を求めない。純粋に面白ければそれでいい」だのといっているのである。いやあ、驚いたわ。とんだ狸親父ではないか。

「超並列」読書をして「どんないいことがあるのか」と疑問視する人がいるだろうが、「間違いなくいえるのは、本書の通りに読書をすれば、人生が豊かになるということだ」。「それは、たんなる金銭的な話ではない。自分にしかできない仕事ができるようになり、一流の人と対等に話せるようになり、旅行や趣味などのプライベートが充実する――『超並列』読書術とは、仕事と人生に効く窮極の読書術なのである」

そんなバカな。よくもこんなでたらめを平気で書けたものである。この本を書いたとき、成毛眞は五十三歳ぐらいか。本を読むと、こんな自分を客観視できない人間になる恐れがかなりある、という実例である。

まったく、吉野家の「大盛りの牛丼」を食べたほうがはるかにましだったよ。いや成毛眞という人間がわかっただけでもいいか。『面白い本』が売れたらしく、その続編『もっと面白い本』（二〇一四）が出た。もう読まなくていいでしょ（成毛の本心は『面白い本』の方にあると思われる。となると、なんであんな愚劣な本を書いたのか。こりゃ売れるよ、と編集者と盛り上がったのか）。

孤高の読書家・森博嗣

森博嗣は小学校四年のとき、堀江謙一の『太平洋ひとりぼっち』を読んだ。それまでは本を「馬鹿にしていた」が「読んで良かったと初めて思った」（わたしは共感を覚える）。ここからがちがう。『初歩の電磁気学』という本を読んだときは「一番感動した」。電波関係の本を何冊か読み、国家試験に受かりアマチュア無線技士になった。六年のときには「電波を発信する装置」を作った。

しかし「中学生になったら、急に文学を読むようになった」。「明らかなことは、僕がもの凄く沢山のことをすべて本から学んできた、という事実」であり、「僕が本から得た最大の価値は『僕が面白かった』という部分にある。だから、もし同じ体験をしたいなら、各自が自分で自分を感動させる本を見つけることである。同じ本が別の人間に同じ作用を示す保証はないからだ」（『読書の価値』ＮＨＫ出版新書、二〇一八）。

森の両親は読書家だった。さりげなく森に読書を勧めたようだが、森は「本が嫌い」な子だった。しかし「本で一度読んだことは、ほとんど忘れない。たとえば、僕はこれまでに読んだ小説のあらすじはすべて説明できる。二回読むことはない」。だから、一度読むと、文庫や新書は「そのまま捨てることにしている」というのだ。

すごい記憶力である。大西巨人みたいだ。頭のでき方がちがうのだろう。「小学生のときに唯一面白いと思った小説は、『怪盗アルセーヌ・ルパン』だった」。初めて買った本は中学一年のとき、エラリー・クイーンの『Xの悲劇』。そこから外国の推理小説にのめりこんでいった。

「僕の場合、『面白い』の中に、『美しい』も含まれている。つまり、文学の価値は、すべて『面白さ』で評価されるのである」。それでも文学にのめり込まなかった。「推理小説と比べると読者を引っ張っていく機能が弱い」と思ったからだが、しかし推理小説でも江戸川乱歩や横溝正史は「面白さがまったくわからな」かった。高校生のとき海外ミステリーを「一番読んでいた」。大学時代、「一番読んだ小説は、やはりミステリィ」。ただ「読んでいる本の八割は、ノンフィクション」だったが、エッセイも読むようになった。

抜群の記憶力と自分の考えをしっかり持った読書少年だったと思われる。わたしなどと比べると、早熟で相当の読書家でもある。「子供の頃、十代の頃ならば、比較的本を読む人は割合が多いけれど、社会人になり、仕事や家族サービスに追われるような年齢になると、だんだん本から遠ざかるのが普通みたいだ」。その点でいえば、わたしは世間と逆で、大人になってから本を読み始めたといっていい。森のモットーは「とにかく、本は自分で選べ」。もうひとつ。「その本を手に入れるために、自分の金を出すことである」。なぜなら「真剣さが違ってくる」から。それが森博嗣の流儀である。

「僕は、本を読むときに、まず、この本を読んで自分の意見や知識が塗り変えられることがあれば、と願っている。影響を受けたいという気持ちで読む。どんなものも素直に受け入れたい、と思って読む。これは、人と話をするときも同じで、まずは、説得されたい、この人の意見に同調したい、という気持ちで聞く。そういった姿勢で受け入れることが、相手への礼儀だと考えている。つまり、話を聞くのは、尊敬できる人だ、と思うことと等しい。本であれば、これは傑作にちがいない、と意識して読む」

立派な考えだとは思うが、わたしは到底そういう気持ちにはなれない。「影響を受けたい」「説得されたい」とは思わない。虚心坦懐に読み、接する。当然、知識を得たいと思って読むことはある。次章で紹介する『雑兵たちの戦場』や『ギリシア人の物語』は、新しい知見を得るために読んだ。何歳になっても、知らないことは無数にある。インパール作戦の全容を知りたいと思い、高木俊朗のインパール五部作も読んだ。だが、それもまたいささか語弊はあるが、「知ること」のおもしろさにほかならない。その知識が「残存」

しなくてもしかたがない。

わたしは森博嗣の本は読んだことがなかった。この『読書の価値』がはじめてである。かれの著作リストを見ると膨大である。最後におもしろいことを書いている。「論文などの科学的なものや、議論をすることに意義がある論考ならば話は別であるけれど、文芸作品に対する評論というものの意義を僕は認められない」「有名になりたいから小説を書いたのではない。僕は『有名』が嫌いだ。これは断言できる。有名になりたくない」。これは厭世、厭人の表明なのか。よくわからないが、気持ちがいい。

「そういうわけで、誰にも会わないことにして、ほとんどの出版社ともメールだけのつき合いにしている。ファンの前に出ていくこともなく、サインもしないし、インタビューもお断りしている。写真も出さなくなって十数年になる。もう、放っておいてほしい、という気持ちでいっぱいなのだ」「現在は、皆さんから遠く離れた場所に引き籠もり、鬱蒼とした森の中でひっそり暮らしている。出かけることはほとんどなく、もう何年も電車にもバスにも乗っていない。LINEもTwitterもしない」。森博嗣は一九五七年生まれ。わたしよりちょうど十歳年下。

又吉直樹の感覚は正しい

又吉直樹のよさはウソを書かないことである。「教養主義的なものとして読書を始めるということも聞きます。でも僕の場合、自分が相当なアホであるという自覚がありましたし、お笑いや音楽やファッションと同時期に刺激的でおもしろいものとして近代文学と出会えたので、教養主義的な読書にはなりようがありませんでした。文学が、ファッションと共にお洒落なものとして扱われることを嫌悪する変な潔癖さも持たなくて済みました」（『夜を乗り越える』小学館よしもと新書、二〇一六）。

又吉の感覚が正しいのは、こういう疑問を持つところにも現れている。「『ガリ勉』とか『文化人』と呼ばれる人やそれに類する人を馬鹿にしていいという社会通念はなんなのでしょう。僕は創造性の高い表現にもっと触れていたいので、そういう人達が生き難い世界は嫌なんです」。じつにまっとうで、まともな感覚である。日本社会が「ガリ勉」「まじめ」「本好き」を小ばかにしてきた。

「金」と「モテる」ことだけが唯一の価値であるお笑いの世界でも、表には出ないが、本好き、ましてや「文学」好きなどは、腹の底では揶揄されているのではないか。もっとも最近は、お笑い芸人が役者をやったり、コメンテーターに起用されることが増えているから、以前よりも教養は重視されているかもしれない。自分たちの子どもはいい学校に入れているようだし。久本雅美は草間彌生の絵画のコレクターのようだし。

又吉は、本を読む理由を「感覚の確認——共感の部分」と「新しい感覚の発見」と答えている。「『なぜ本を読むのか?』と聞かれたら、『おもしろいから』と答えるのが、自分にとってはもっともしっくりきます」「正解、不正解だけではなく、どうしようもない状況というのが存在する」。だから「複数の視点」を持つこと。「世の中のランキング一位が僕の一位ではない。一番売れた本が僕の一番好きではない」。

本とは関係ないが、又吉は喧嘩が嫌いなのに、なぜだか小学生の頃から喧嘩の場に駆り出されてきたという。多くは語らないが、小学校時代からけっこうハードな学生生活を送ったようである。「父がむちゃくちゃでしたから、暴力も怖くはありませんでした。先生や、大人に怒られても全然怖くなかった」し、だれにでも「平気で言い返して」いた。あの風貌と語り口に似合わず、意外である。それだけに(なにが、それだけに、かわからないが)、又吉直樹の文学好きは本物である。

「東大読書」は冗談である

西岡壱誠『東大読書』（東洋経済新報社、二〇一八）が、なんだか売れているようなので読んでみた。ほんとうのタイトルは『「読む力」と「地頭力」がいっきに身につく東大読書』である。第一印象は、また舐めたものを書いてくれたものだ、ということだ。「東大読書」など、冗談以外に、あるわけがないではないか。ところが、ＴＢＳで「東大王」という番組ができるように、まだまだ「東大」ブランドは使えるということらしい。

本の読み方は、齋藤孝流なのか、幼稚なことを書いている。記者になったつもりの「質問読み」、疑問を持って読む「追及読み」、帯やカバーに書かれている情報、著者のプロフィールを付箋に書き出す「装丁読み」、その他「整理読み」「要約読み」「パラレル読み」「クロス読み」と、次々に子どもだましの「〇〇読み」を繰り出している。自分では個性的かつ独自な読み方、と思っているようだが（こういう程度のことで読者を騙せると思っているところが舐めているのである）、まったく逆で、センスのなさを露呈していることに気づいていないのが致命的だ。

こんなこともいっていて、佐藤優や出口治明と比べるのもかわいそうだが、経験の質のちがいは圧倒的だ。「『自分で考える』ことを意識的に続ければ、『自分で考える力』を鍛え上げることができるのです」「実は東大の授業でも、まったく同じことをやっています」。また「『骨』になる主張が何なのかを見極めながら推測するのが『推測読み』なんです」。これを実行すると「情報を『整理』しながら本を読めるようになるのです」。もうスッカスカ。こりゃだめだよ。

著者の経歴も「東京大学３年生」とあるだけで、学部名を書いていないのはなにか不都合があるのか。はたして著者は大まじめにこの本を書いているのか。まじめであればいい、ということにもならないが。かれの本の内容よりは、かれが推薦しているジェレミー・ドノバン『ＴＥＤトーク　世界最高のプレゼン術』、ＮＨＫスペシャル取材班『マネー資本主義』、荒巻豊志『荒巻の新世界史の見取り図』の方に興味がある。いつか読んでみようと思うが、いつもの伝《でん》で、たぶん読まないな。

日本人の読書傾向

Ｍ・Ｊ・アドラー、Ｃ・Ｖ・ドーレン『本を読む本』（講談社学術文庫、一九九七）。一部の人間には評価の高い本だが、そこでは娯楽のための読書など一切想定されていない。「読むに値する良書を、知的かつ積極的に読むための規則を述べたもの」すなわち「厳密に申せば、それは名著といわれる本にこそふさわしい読みかた」だけが書かれていて、わたしの趣味にまったく合わない。「『読む』ことによって知識を得、理解を深め、すぐれた読書家になりたいと思う人のために書かれた本である」。読書の目的には「娯楽のための読書も考えられるが、ここではそれについてはふれない」ときっぱり。

むしろこの本の訳者のひとりである外山滋比古が書いている「日本人の読書――訳者あとがきにかえて」のほうがおもしろい。

日本人の「若年読書」について。「若い人の読書は読みの能力を行使する喜びに支えられている。とにかく読んでみる。読めるからおもしろくなって、さらに読む。こうして読書好きが生まれる」。ところが大人になると仕事が忙しくなって「いつしか、読書から遠ざかる」。中年になって「読書の習慣を維持しているのは例外的になる」。

日本人の「短篇読書」について。「日本文化の特色の一つに、小粒ということがある。巨大なものの美よりも箱庭のおもしろさにひかれる感覚が発達している。文芸では、俳句、短歌といった短詩型文学の花をさかせてきた。小説でも短篇小説の水準は世界的にみてもきわめて高い」。

これは「読書にも反映している。われわれの読みは、センテンス（文）単位である。

（略）その上の単位としてパラグラフ（段落）があるのだが、日本人にはそのパラグラフの感覚がはっきりしていない。読みにあたってもパラグラフを単位にして意味をまとめることがすくないのである」。

日本人は「小粒」を好む（盆栽、根付、豆本）、短篇小説を好む、というのは、そのとおりである。阿部昭『短編小説礼讃』、村上春樹『若い読者のための短編小説案内』、北村薫・宮部みゆき『とっておき名短篇』、筒井康隆『短篇小説講義』など。わたしが文庫本を好きなのも、たぶん「小粒」好きからきている。

あれはいつ頃だったか、萩原朔太郎の「猫町」という短編がもはや入手困難な幻の傑作短編として読書界（？）でちょっと話題に上ったことがあり、わたしも、なんの関係もないのに踊らされて探し回ったものである。その騒ぎがきっかけだったのか、そののち岩波文庫で『猫町　他十七篇』として一九九五年に刊行された（だから騒ぎは一九九五年以前）。結局、わたしはなにかで探し当てて読んだのだが、それがどんな本だったかはもう記憶にない。小説の内容も、なんだか期待外れの感があった。

日本人の「難解信仰」について、外山はこのようにいっている。一々頷ける。「日本の読者がともすれば求道的になるのは、一つには不必要に難解な文章に堪えなくてはならなかったからである」「むずかしいものでなくてはほんものではない、という気持も他方ではすてきれない。難解な文章を読むこと自体に価値を見いだす読者もすくなくない」「わかりにくい文章があると、まず読者は自分の理解力が不足しているのであろうと勝手に恐縮する。書き手の書きかたが悪いのではないかと疑ってみることはほんのまれにしかない」「いったん読みはじめた本は、わかってもわからなくても最後まで読み通さないと気がすまないという読者がすくなくない」。

日本文学振興会によると、芥川賞は「新進作家による純文学の中・短編作品のなかから、最も優秀な作品に贈られる賞」とあり、直木賞は「新進・中堅作家によるエンターテインメント作品の単行本（長編小説もしくは短編集）のなかから、最も優秀な作品に贈られる賞」である。「エンターテインメント作品」とあるのには驚いた。「娯楽作品」と書くよりはちょっと高級と思ったのだろうか。

『毎日新聞』（二〇一九年十月二十日）の読者投稿欄に、「文学は生きる力養う」という題名の福岡県の七十二歳の男性の投書が掲載された。

二〇二二年度から高校の国語が実用的な文章を学ぶ「論理国語」と、文学作品を扱う「文学国語」に分けられ、学校はそのどちらかを選択するようになるのだという。投稿者は入試に有利な実用的な「論理国語」を選ぶ学校が多くなるのではないか、ということを心配しており、それに比べ、文学は「多くの作品を読むことによって考える力を身に付けることができる」として、文学の意義を強調している。

その人はこのように書いている（読書人はそれぞれ一家言を持つ）。「私はそのことを実体験した。40歳の時、突然の病で車椅子生活になり、仕事を失って路頭に迷った。そんなピンチの中で私を救ってくれたのは、大学時代から慣れ親しんだ文学だった。多くの作品を読んだことによって、多様な生き方があることを知り、逆境を乗り切る力になった。文学こそ生きる力を養う。高校生に文学の良さを知らせることが大切だ」。

昔の人に限らないだろうけど、いまだに文学信仰は根強い。わたしにも、まだ少し残っている。だが、わたしはこの人のように、堂々と「文学こそ生きる力を養う」といいきることができない。「高校生に文学の良さを知らせることが大切だ」ともいいきれない。そりゃ、できない相談だよ、と思ってしまうのである。

第6章 おすすめ純粋おもしろ本の世界

老いては娯楽読書でいい

ここ二、三年のあいだに読んでおもしろかった本を紹介したい。ごくふつうの本である。これがおまえの名著か、といわれると、格別に名著と考えているわけではないが、そうとっていただいても恥じることはない。はっきりしていることは、全部〈好きな本〉ばかりということだ。あたりまえのことをいってしまった。賞を取っていようと、ベストセラーだろうと、好きでない本は、当然のことだが選んでいない。見栄は張らない。

古代ローマの哲学者キケロはこのようにいっている（らしい）。「書籍は青年には食物となり、老人には娯楽となる。病める時は装飾となり、苦しい時には慰めとなる。内にあっては楽しみとなり、外に持って出ても邪魔にはならない。特に夜と旅行と田舎においては、良い伴侶となる」（ネット「名言ナビ」から引用。キケロの原典は不明）。

この「老人には娯楽となる」は、いまのわたしにぴったり当てはまる。もちろん読書の春秋を通して、知識を得、教養の形成に役に立つ読書というものは当然ある。とくに読書の春、読書の夏の時期はそうである。そのような意思が読書の秋冬にまでつづいている人もいることだろう。しかし、わたしの読書の秋冬はそうではない。もう「娯楽」だけで十分である。本は「外に持って出ても邪魔にはならない」どころか、必携である。寸暇でも長時間でも、楽しみを与えてくれるのは、本を置いてほかにない。

思い出してみればよい。あなたがどうして本を読み始めたのか、その一番最初のことを。だれもが本とはこんなにおもしろいものだったのか、と思ったはずである。別に「老人」に限ったことではない。「破るともはな（離）るるとても本を忘るな」の「本」に戻ればよいのである。わたしなら『少年探偵団』や『竜馬がゆく』や『ヨーロッパ退屈日記』のおもしろさに戻ればよい。人になんと思われようと、「ああ、おもしろかった」が読書における最大の愉しみである。

［ミステリー／ハードボイルド］

学生の頃は、エラリー・クイーンの『Xの悲劇』などの推理小説が好きだったが、そのうちからくりが面倒になり、大沢在昌の「新宿鮫」シリーズや、髙村薫『マークスの山』『照柿』、馳星周の『不夜城』など日本ものを読んだ。その後、ジョン・ル・カレの『寒い国から帰ってきたスパイ』を読んだのがきっかけで海外ものを読むようになった。

さらに幅広く読むようになったのは、なんといってもロバート・B・パーカーのスペンサー・シリーズを読むようになってからである。全三十九冊ある。日本人のつまらぬ「男らしさ」など吹っ飛ぶ、真の「男らしさ」のバイブルである。その全貌、のみならずスペンサー・シリーズのすべては、里中哲彦の名著『スペンサーという者だ――ロバート・B・パーカー研究読本』（論創社、二〇一二）に詳しい。ただしミステリー好きといっても、犯人探し、アリバイ崩し、伏線の配置・回収、犯罪手口のトリックと推理、ラストでの全貌の解明、といったまどろっこしい小説は好まない。

R・D・ウィングフィールド『フロスト始末（全二冊）』（創元推理文庫、二〇一七）

ロンドン郊外にあるデントン市警のジャック・フロスト警部シリーズ。勝手に断言してしまうが、イギリス刑事小説の金字塔。のみならず、ミステリー界の最高独立峰。二〇〇七年、著者の死によって、フロスト・シリーズはこの『フロスト始末（上・下）』をもって幕を閉じた。アメリカにはロバート・B・パーカーのスペンサー・シリーズがあるが、それと双璧をなす。タイプは異なる。こちらは小太りの中年で、下品、仕事中毒で、人を食った冗句を飛ばすのが生きがいの愛すべきジャック・フロスト警部。

作品は少なく、わずかに『クリスマスのフロスト』『フロスト日和』『夜のフロスト』『フロスト気質（上・下）』『冬のフロスト（上・下）』、そして『フロスト始末（上・下）』

の全六作品しかない。しかし燦然と輝く。訳者は名手の芹澤恵（いい忘れたが、スペンサーシリーズには手練《てだれ》・菊池光がいた）。この人のおかげで、原作は六パーセントほどおもしろさがアップしたのではないか。読み終わるとすぐに、次回作を待ち望んだ。そんな小説はめったにない。

『冬のフロスト（上・下）』が二〇一三年に刊行されてから、次回作を待ちに待った。その間になんということか、作者ウィングフィールドの死去を知ったのである。四年を待ってやっと遺作『フロスト始末（上・下）』が二〇一七年に刊行された。それも、もう三年も前になるのか。これがフロスト警部の最後の読み納めの作かと思うと残念でならなかったが、読んでいるあいだ、ずっとしあわせだった。

リー・チャイルド『パーソナル（全二冊）』（講談社文庫、二〇一八）

ジャック・リーチャー・シリーズのなかでも傑作のひとつ。といっても、ジャック・リーチャーとはそも何者か？　元米陸軍憲兵隊の優秀かつ屈強な捜査官で、除隊後のいまはバスやヒッチハイクで全土を放浪している。身長百九十センチ以上。中年の独身。携帯電話も運転免許もクレジットカードも持たない。自分の原理原則で生きている。どんな窮地にあっても冷静沈着、かつ頭脳明晰で怖いものなし。
小説だから許される造型である。筋がシンプル。複雑でないのがいい（ほかの作品はけっこうひねったものが多い）。味方も敵の悪党の数もほどよい。敵ギャングの幹部に二メートル十センチほどの巨人が出てくるが、テニス・プレーヤーの巨漢ジョン・イズナーをぶちゃむくれさせたような悪党顔の男だと思えばいい。こいつが意外にあっさりとやられるのもいい。派手過ぎる銃撃戦がすくなく、基本的に論理・推理が主である。

相棒となる若い女性諜報員のケイシー・ナイスとの関係もいい。「わたしは接近戦闘の素質がまったくない平均的な射手です」。「そんなことは問題じゃない。わたしたちはおたがいに補完し合うんだ。肉体的なことはぜんぜん関係ない。このゲームは頭の回転がいちばん速い者の勝ちだ。きみはまさにそういう人間じゃないか」。心構えはいつも「最善を願って、最悪に備える」。

最新作『ミッドナイト・ライン（上・下）』はいまひとつだった。

ドン・ウィンズロウ『ダ・フォース（全二冊）』（ハーパーBOOKS、二〇一八）

いや、すごい小説である。ウィンズロウの最高傑作であるだけでなく、これまで読んできた警察小説・ミステリー小説のなかでも最高傑作のひとつだといっていい。読み終わったあと、感嘆しながら、しばし余韻に浸ってしまった。たかが本なのに、なぜこんなに心が高揚し充実するのか。

主人公はマンハッタン・ノース特捜部デニー・ジョン・マローン部長刑事。三十八歳。百八十八センチの体格。見た目は「威嚇的」で、泣く子も黙る「ニューヨーク市警で一番のエリート捜査班のヴェテラン部長刑事」である。担当地域の王。加えて、無敵の相棒のフィル・ルッソとビル・モンタギューを従えている。

しかし、この特捜部は正義だけがあるのではない。かれらは「誰より賢く、誰よりタフで、誰より機敏で、誰より勇敢で、誰より善良で、誰より悪辣なお巡り」である。そう、かれらは自分と家族のために平気で私腹を肥やすダーティな刑事でもあるのだ。日本円で数十万円てなケチな額ではない。数千万、億単位にも上ろうとする賄賂や押収金をため込んでいる。

冒頭、ウィンズロウはこの本を執筆している間に殉職した百七十八名の警官、巡査、保安官補、警察署長、連邦保安官補、捜査官、刑務官らの実名を挙げ、この本を捧げている。警察官に対するウィンズロウの敬意がわかる。

警察官はもちろん最初は被害者の味方である。犯人を憎む。しかし、やがて被害者を責めるようになる。

「なんでそんなに無防備なんだ、なんでそんなに弱いんだ、なんでそんな暮らしをしてるんだ、なんでギャングの仲間にはいるんだ、なんでヤクの売人なんかになるんだ、なんで意味もなく互いに撃ち合うんだ……どうしてこうもクソ馬鹿なクソ野郎ばかりなんだ」

物語の最後のどん詰まり。マローンは瀕死の状態で、川べりの岩場にたどりつく。「マローンが警察学校を卒業した日は、ニューヨークの春がたまさかもたらすすばらしい日だった。世界じゅうのどこよりそこにいたいと思わせるような日だった」「あのときマローンは若かった。若くてクリーンで、希望と誇りと信念に満ちていた。神を信じ、自らも信じていた。自分が守るべき、仕えるべき仕事を信じ、その使命を信じていた」。

だが「始まりは終わりを知ることができない。純潔はその腐敗を想像することができない。あの頃、マローンは自分がこの仕事を愛していることしか知らなかった」。それが摩耗した。汚い金まみれのお巡りになっても平気になってしまった。もっとも忌むべき仲間の裏切りまでやってしまった。物語を締めくくる最後の一文が哀切である。

本作はリドリー・スコットによって映画化されることが決まっている。だれがマローンをやるのか、どんな映画になるのか、楽しみである。

ウィンズロウには他に、『犬の力（全二冊）』（角川文庫、二〇〇九）、『ザ・カルテル（全二冊）』（角川文庫、二〇一六）、『ザ・ボーダー（全二冊）』（ハーパーＢＯＯＫＳ、二〇一九）の中米麻薬戦争三部作がある。脳がくたくたになるほどの超弩級作である。

柚月裕子『検事の本懐』（宝島社文庫、二〇一二）

第二十五回山本周五郎賞ノミネート作品。全五話の連作短編集ということだが、短編というよりは中編というべきかもしれない。一話の「樹を見る」は連続放火事件だが、そりゃおれでもおかしいと思うわ、ということを警察署長と刑事たちが気づかないというぼんくらぶりで、ちょっといかんなあ、と期待がしぼんでいくが、二話の「罪を押す」で、これはまあよくできてるではないかと持ち直し、三話の「恩を返す」までくると、「樹を見る」の凡庸さを帳消しにして余りあるほど圧倒的に盛り返すのである。

任官三年目の若手検事・佐方貞人は一話から登場するが、三話目でその魅力が爆発する。これはわたしが待っていた男だ、と思う。待っていた男は、海外では、ロバート・Ｂ・パーカーのスペンサーがいるが、日本の刑事・警察小説ではいなかった。どの主人公も好きにはなれなかった。佐方貞人は日本のハードボイルドではじめて登場した、わたしが待っていた男である。そういいたくなるほど「恩を返す」は抜群の出来である。

事件がむやみに大きくなく、個人的な事件であるところもいい。柚月裕子にとってはおそらく、佐方貞人は理想的な男である。男のミステリー・ハードボイルド作家たちが描く、見かけ倒しだけの嘘くさい男たちが気に入らず、こんな男を書きたかったのではないか。柚月は岩手県出身なのに、広島弁のセリフがうまい。

四話目の「拳を握る」は佐方の信念を書いた佳品、しかし五話目の「本懐を知る」は弁護士だった佐方の父親を書いたものだが、週刊誌ライターの兼先と、建設会社の二代目がこれまたぼんくらで、読んでる人間はみんな気づくよ、ということに気づかず、話が進むので鼻白む。兼先という「ジャーナリスト」（?）が気に入らない。どうも柚月は出来不出来がありすぎる。にもかかわらず、二話と四話、そして白眉である三話があるだけで、この本は優に読む値打ちがある。続編の『検事の死命』（角川文庫、二〇一八）もいい。なかでも「死命を賭ける」「死命を決する」は傑作といっていい。

が、この二作に優るとも劣らないのは『孤狼の血』（角川文庫、二〇一七）である。これには度肝を抜かれた。ほんとうはこの作品をトップに据えるべきなのだが、あえて『検事の本懐』と『検事の死命』のあとに置いたのは、その二冊を読んだあとのほうが、柚月裕子の成長ぶりがはっきりわかると思ったからである。それくらい『孤狼の血』はすごい。男のハードボイルド作家たちの顔色がなくなるほどで、ここ数年の間に読んだ本のなかでは二番目に唸った作品である。一番は『ダ・フォース』（『孤狼の血』は役所広司主演で映画化されたが、原作には遠く及ばない）。

『ダ・フォース』に若干及ばないのは、柚月のせいではないかもしれぬ。アメリカの警官たちはつねに生命の危機にさらされ、発砲するのはなんらめずらしいことでなく、上はマフィアから下は街のギャングまで相手にしなくてはならない刑事たちの置かれた社会環境のちがいによる制約かもしれないからである。柚月はぎりぎりまでを書いている。構成も筆力も科白《せりふ》も非の打ちどころがない。横山秀夫の『64』を遥かに凌ぐ。ただ主人公の大上章吾巡査部長の「パナマ帽」はいただけない。というか、わたしは好きではない。

［時代小説］

わたしが二、三十代の若い頃、父親が読んでいた柴田錬三郎、五味康祐、山手樹一郎、池波正太郎、山岡荘八などの時代小説を、なにがおもしろいのだろうと思っていた。おやじ連中の無条件自民党好きを小馬鹿にするのとおなじで、通俗時代小説と若干下に見ていた（いまでは、そういうことがなくなった）。わたしは十年遅い俄かの本読みのくせに、一人前な顔をして「文学」なんかを読んでいた頃である。

学生時代に司馬遼太郎はわりと読んだが、時代小説という意識は皆無だった。あれは四十代の頃だったか、山本周五郎を読んで、人生で山本周五郎だけ読んでいればいいのではないかと思うほど、感心した。藤沢周平がおもしろくなり、池波正太郎に夢中になった。時代小説に美しい人間がいたのである。雄々しい人間もいた。現代小説のリアルさなど、何ほどでもなかったのである。

『楊家将』と『血涙』で北方謙三に魅了された。宮本昌孝、長谷川卓、今村翔吾を読むに至り、完全に時代小説派になった。女流は読まない。読む余裕がない。

藤木久志『新版　雑兵たちの戦場——中世の傭兵と奴隷狩り』（朝日新聞出版、二〇〇五）

この本は小説ではない。歴史研究書である。「雑兵《ぞうひょう》たちの戦場」の対語は「英雄たちの戦場」である。

「（ポルトガルの宣教師ルイス・フロイスの）実感戦争論は、耳なれた華やかな戦国群雄論や合戦物語の底に、実は飢えた雑兵たちによって、生きるため食うための戦争が戦われていた、という戦場の現実を告げ、私たちに戦争観の転換を迫る」

たしかにわたしたちの歴史の見方は英雄史観に偏っている。やはり謙信や信長が一番だな、いや直江兼続がいい、いや大谷刑部だ。戦の興味も桶狭間の戦い、長篠の戦いや川中島の戦いというように戦術・戦略が主である。ところが本書で描かれているように、戦場の主人公は雑兵たちで、かれらは乱暴狼藉のかぎりを尽くした。物を奪い、人を奪った。そういう事実があった、と知っておくことは無駄ではない。それどころか必要なことである。ただわたしたちは歴史家ではない。英雄史観はなくならない。

雑兵とは、武士に奉公し、共に戦う「悴者《かせもの》とか若党・足軽など」の「侍」の下にいる、「中間《ちゅうげん》・小者《こもの》・あらしこなどと呼ばれる、戦場で主人を補《たす》けて馬を引き、槍を持つ『下《げ》人《にん》』」、「夫《ぶ》・夫丸《ぶまる》などと呼ばれる、村々から駆り出されて物を運ぶ『百姓』たち」のことである。さらに藤木は「得体の知れない戦場の商人、山賊、海賊たち」も雑兵に含めている。

かれら雑兵たちが「戦場で濫妨狼藉《らんぼうろうぜき》」「生捕《いけど》り」「乱取り」を働いた。「凶作と飢饉のあいついだ戦国の世、懸命に耕しても食えない人々は傭兵になって戦場へ行った」。そこでかれらは男女子どもや食物や家財の掠奪・暴行をほしいままにした。かれらにとって、戦《いくさ》とは「食うための戦争」でもあった。

十六世紀末、九州を荒らしまわった島津軍の大名の日記にはこんな記述がある。「男女・牛馬、数知れず取り候」「打取《うちとり》廿八人、取人《とるひと》四十人、具足七百取る」「六十人打死、肝付《きもつき》の人を取ること四百人余り」。南肥後の小大名相良氏の年代記にも「敵千余人打取り、いけ取り惣じて二千人に及ぶ」「打取り五人、生取り五十三人」。また伊達政宗の戦場でも「くび三百あまり御前へ参り候、いけどり、きりすて、そのほか数は知れ申さず候」「きりすて、そのほか、いけどり、さいげん御座なく候」。

天正十八年（一五九〇）、北条氏が滅び、「奥羽仕置（東北地方の豊臣化）を最後に日本の内戦は終わり、国内の戦場はすべて閉鎖された。人々はこれを『天下一統』と呼んだ」「秀吉の平和」である。ところがその瞬間に、「朝鮮侵略への大動員が日本中に発令された」「戦場で生捕られた男女が日ごと名護屋の港へ送り込まれ」、加藤清正軍も島津義弘軍も「苅田」や「乱妨」を働いた。秀吉も各大名に「細工仕り候もの」「縫官《ぬいかん》」「手のきき候女」を献上せよと通達した。

目から鱗、というより、目が洗われるとはこういうことである。

長谷川卓『もののふ戦記——小者・半助の戦い』(時代小説文庫、二〇一七)

いや、いるものである、こういうすごい作家が。不覚である。もちろん自分の知らない、まだ読んだことのない作家のものに、すごい作品があるはずだ、とはわかっており、それで勘やあてずっぽうで、いくつか知らない作家のものを読んだことがあるが、あまり成功はしなかった。この本をなんで知ったのかは忘れたが、偶然『もののふ戦記』というタイトルにひかれて読んでみたのだった。いやあ、すっかり参ってしまった。こういう時代小説があったのか。

天文十九年(一五五〇)、武田晴信(のちの信玄)は、村上義清を攻めた。武田二十四将のひとり、横田備中守高松《たかとし》の臣・西島久右衛門、そのまた親類衆のひとつで俸禄十六貫文の雨宮家も、当主佐兵衛の下《もと》、緊急の戦支度に入った。主《あるじ》の佐兵衛三十六歳。小説の主人公はその小者半助で六十二歳である。

食料、武具衣類、鍋など調理器具の戦支度の準備が克明に描かれ、これまでのものとはまったく違う戦記物となっている。まさに先の『雑兵たちの戦場』そのままで、雑兵たちの戦地での略奪行為などもきっちり書かれている。

「動きのよさそうな者、腕力のありそうな者が引き抜かれている。切り取り隊に回されるのだ。田畑の作物を盗む刈田狼藉や、家に押し入り、略奪し、殺し、放火する焼き働きが任務である」

　参戦したものの武田方の負け戦となる。敗残兵狩りの恐ろしさがこれほどまでに描かれたものは読んだことがない。佐兵衛ともども半助は命からがら敗残の路を逃げ延びるのだが、佐兵衛に対する半助の忠義と献身が感動的である。半助を「もののふ」という所以である。村上義清が「真《まこと》の武士を見せてもろうた」というラストがちょっと甘いという気もするが、こんな甘さはありがたいものである。

　こんな凄い作家がいたのか、ほかの作品も読んでみようと、アマゾンのレヴューで評判の高い『嶽神伝』を読み始めたが、これがどういうわけか、どうにも物語に入り込めない。それはおかしい、ほかになにかあるはずだと、『風刃の舞――北町奉行所捕物控』（祥伝社文庫）を読んでみた。どうかなと思ったが、やはりこれが当たりで、期待以上の出来栄えだった。

　主人公は北町奉行所の臨時廻り同心の鷲津軍兵衛。ちと、名前がいかめしすぎるが、齢五十一歳。これに従うのは岡っ引きの千吉、下っ引きの留松と新六、それに新入りの佐平。さすがに『鬼平』に匹敵するといえば過褒だろうが、硬質な文体、生き届いた知識、神経の細かい文章など、舌を巻くほどである。いま文庫の新装版が出ていて、八作目の『野伏間の治助』まで読んだ。癖になるのだ。

もうひとつほかに、六十八歳の二ツ森伝次郎が主人公の「戻り舟同心」シリーズもある。文章が見事でユーモアも冴えてじつにおもしろい。軍兵衛シリーズに比べると重みや格調においてやや劣るが、軽さにおいては格段に優る。長谷川卓はこういう軽いものも書けるのである。最近では軍兵衛ものより、伝次郎もののほうが気に入っている。新作が出ないのが玉に瑕である。長谷川卓は一九四九年生まれで、わたしより二つ年下。体調は大丈夫なのだろうか。


今村翔吾『火喰鳥——羽州ぼろ鳶組』（祥伝社文庫、二〇一七）

これまた驚いた小説である。いったい何者なのだ、今村翔吾という男は。文章の手練れ、熟練、大家のように書きながら、三十五歳（一九八四年生まれ）だと知り、腰が抜けるほど驚いた。小説は三十そこそこで書き始めたのではないか。それですでに完成されているのである。

描くのは武家火消《ひけし》の世界である。火消を書いた小説はほかにもあるようだが、わたしの知る限りではこれが最初である。松永源吾三十歳、妻深雪二十三歳。源吾は元鉄砲組四千五百石の旗本松平隼人の家臣で、「火喰鳥」と噂されるほどの凄腕定火消役だったが、問題があって致仕。いまは出羽新庄藩六万石の戸沢家に雇用される。貧乏藩だから火消装束もぼろで、町民から「ぼろ鳶」と呼ばれる。しかし一七七二年の「明和の大火」の活躍で一躍名前を売り、「羽州ぼろ鳶」は人気火消の別名ともなる。

頭取の源吾のほか、配下の火消に個性的な面々がいて、かれらも一人ひとりソロ・パートでスポットライトが当てられる。とくに風読みの加持星十郎、頭取並の鳥越新之助がいい味を出している。しかし一番は妻の深雪で、彼女の存在だけで、物語のおもしろさが二割ほどアップしている。ライバルの火消組も多士済々だ。人数・技量・人気ともに江戸最強の加賀鳶をはじめとして、巻を追うごとに次々と武家火消や町火消の頭取連中が登場してくる。田沼意次や、火付盗賊改方長官・長谷川平蔵（これは鬼平の父親。のちに鬼平本人も登場する）も絡む。

各巻、山場がある。そのときに、いかにも時代がかった臭い場面を今村は書く。たとえば、火事場でふたりの火消頭取が名乗りあったりする。わたしは往年の東映時代劇を思い出した。市川右太衛門と片岡千恵蔵は年を取りすぎているから、さしずめ大川橋蔵と伏見扇太郎といったところか。伏見扇太郎って？ 東千代之介か中村錦之助か。こんな調子である。


武蔵と北に足を向けて走り出した時、源吾ははっとして振り返った。

「方角火消新庄藩火消頭取、松永源吾だ。この恩は忘れねえ」

蟒蛇《うわばみ》は鳶口をくるりと宙に回し、にかりと笑う。

「常火消淀藩火消頭取、野条弾馬や。忘れてええで」

己も武士というにはあまりに粗野過ぎる。

第四巻『鬼煙管』

今村はほかにもシリーズらしきものを書いているのだが、「羽州ぼろ鳶」シリーズは抜群である。いま八巻までが、ほぼ三年の間に出ている。三、四か月に一冊出ている勘定で、そのすべての構成もしっかりしていて緊密で、文章にいささかのゆるみもない。まさに驚異的である。今村翔吾は完成されている。これからどうなってゆくのか。

山本周五郎『白石城死守』（講談社文庫、二〇一八）

「与茂七の帰藩」「笠折半九郎」「白石城死守」「豪傑ばやり」「矢押の樋」「菊屋敷」の六編が収録された短編集。まさに読書の楽しさが満喫できる。どれも粒ぞろいだが、なかでは表題の「白石城死守」が一番劣るのは皮肉である。「菊屋敷」は一女性の生き方を描いて「名作」の名に恥じない見事な作品である。

この六編は、昭和十五年（一九四〇年）から十九年（一九四四年）、著者三十七歳から四十一歳のときに書かれたものである。一時期、周五郎にはすべてがある、だから周五郎だけを読んでいれば、もうそれだけで読書は十分ではないかと思ったことがあったが、その感慨を思い出させてくれるような本である。やはり周五郎はいい。

［人生・人間］

ひとりの人生、家族の人生、一族の人生。どんな人生を描いても、読書の醍醐味が味わえて、わたしは好きである。単著でもいいが、大長編も苦にならない。それどころか長編は打ってつけで、楽しみが長くなっていい。

ジェフリー・アーチャー『クリフトン年代記（全七部、十四冊）』（新潮文庫、二〇一三－二〇一七）

貧しいクリフトン家、富裕なバリントン家。第一次世界大戦終結後から第二次世界大戦を経て、戦後にいたるまで、ハリーとジャイルズという両家の青年を中心に、壮大な家族の歴史が描かれる。全十四冊をすこしもたるむことなく読ませる力量がほとんど信じられない。よくもこんな物語を考えられるものだ。

物語の筋を語ることに意味はない。できもしない。ある一場面だけ、引用しよう。セバスティアン・クリフトンが自分の利己主義によって、愛する娘に逃げられる。老人教師に打ち明ける。教師は自分の経験を語る。

「あなたも同じ過ちを犯したんですか？」

「ある意味ではもっとひどい過ちです。私が大学を出たばかりで若かったころのことです。ウスターシャーのグラマー・スクールから英語教師としての声がかかりました。私は最高に幸せで、ついにはそこの校長の長女に恋をしたんです。でも、それを彼女に知らせる勇気がありませんでした」

「なぜですか？」

「私は昔からとても恥ずかしがり屋で、女性については特にそうでした。それに、いずれにしても校長が賛成しないだろうと思ったんです。いまでこそ馬鹿げた話に聞こえるでしょうが、当時の世界はいまと違っていましたからね。私は別の学校へ移り、後に、彼女が生涯独身を通したことを知りました。それだけなら、何ということもなく生きていけたかもしれない。でも、わずか一年前、彼女の葬儀に参列したときに、妹さんから聞いたんです。彼女が愛したのは私が最初で最後だったことを、私の気持ちがわからない限り自分のほうからは何もしてはならないと彼女の父親が言ったことを。私は何と愚かだったんでしょう。一瞬のためらいが、死ぬ日までの後悔につながるんです。あなたは若い、同じ過ちを繰り返さないでください。〝臆病者は美しい女を勝ち得られない〟という言葉があるでしょう」

（『剣よりも強し（下）クリフトン年代記　第5部』）

こういう美しい節度がまだ残っている時代の話である。

ストーリーのなかで、ひとつだけ気になることがある。「看護師」という訳を使っているところだ。「看護婦」でよかったのではないか。

宮本輝『流転の海（全九冊）』（新潮文庫、一九九〇－二〇一八）

かたや、西洋の長編小説ならば、こなた、堂々たる日本の長編小説である。「理不尽な、粗野な、我儘勝手な、好色な男が、一瞬垣間見せる理知的な目の凄さは何だろう」。松坂熊吾という五十男の一代記である。宮本輝の父親がモデルだという。最初はこの男の暴力に、なんだこいつは、ただのアホじゃないか、と反感を持つが、徐々にかれのバイタリティと理知に引き込まれていく。

『クリフトン年代記』が時の流れの節々をかなり明確に描く印象があるのに、『流転の海』は、もちろん二十年という戦後の時代が流れるのだが、物語の人物たちが平等に描かれ、かれらの日常の微細な会話や心理や行動が強く印象に残るのである。そんな日々の流れのなかで、松坂熊吾が折に触れ警句を発するのだが、それがいいアクセントになっている。「何がどうなろうと、たいしたことはありゃあせん」というのが第一の警句。

「房江、わしが死んでも戒名なんかつけるな。この世で呼ばれたことのない名前で呼ばれても、わしには誰のことやらわからんけん、返事のしようもありやせん（略）あんなのは、坊主の商売じゃけん」「しかし、悪意がないというくらい、人間にとって美徳はあるまい。世の中、悪意ばっかりなのだからな……」「心根は、きれいでなきゃあいけんぞ」「（息子に、将来何になりたいかを聞き、わからん、と答えると）うん。正直でよろしい。まだ五つじゃ。五十を過ぎても、何をしたらええのかわからん人間がおるんやけん」「だまされたとは、何ちゅう恥ずかしい言葉じゃろう」（第二部「地の星」）

「人を可哀相なめに遭わせて平気なやつばっかりじゃ。自分さえ良けりゃあええっちゅうやつばっかりじゃ」「馬鹿な親のもとで育ったら、その子も馬鹿な親になってまた馬鹿な子を産みよる」（第三部「血脈の火」）

「自分の自尊心よりも大切なものを持って生きにゃあいけん」（第四部「天の夜曲」）

「相打ちを覚悟でくるやつには誰も勝てんのじゃ」「さっき、頭を叩いたりしたのは、わしが悪かった。誠に申し訳なかった。この無礼な父親をなにとぞ許してやんなはれ」「日本人にはひとつ決定的な欠陥がある。うまくいってるときは傲慢と尊大の塊りと化し、駄目になると卑屈になってお辞儀ばかりするという点だ。そして、どっちの場合でも付和雷同する」「わしは素直な人間なんじゃ。正しい意見には従う」「私は日本の軍人ほど嫌いなもんはなかったわ。尊大で下品で、権力を笠に着ていばり散らして……。赤紙一枚で徴兵された兵隊さんのことやあれへんねん。軍人や。職業軍人という人らや。無教養で好色で野卑で、最低の連中やった」（第五部「花の回廊」）
「ええ男っちゅうてものお、そう簡単にはみつかりません。ろくでもない男は、そこいらに掃いて捨てるほどおりますが……」「人間は変われない生き物だ。悪く変わって行くのはたやすいが、良く変わることは至難の業だ」（第七部「満月の道」）。洪弘基《ホンホンギ》がこういう。「私は、大将と話をしておりますと……」と口ごもりながら「私は、たっとばれているという気がします。とうとばれる、が正しいですか？ たっとばれるですか？ 大将が私をたっとんでくれたただひとりの人です」（第九部「野の春」）

妻と息子が寝ているあいだに、眠るように死んでいく。「どうだ、たいしたことはありゃあせんじゃろう、と房江は語りかけられている気がした」。宮本輝は「あとがき」にこう認《したた》めている。執筆期間三十七年、三十四歳ではじめ七十一歳で完結。「なにを書きたかったのかと問われたら、『ひとりひとりの無名の人間のなかの壮大な生老病死の劇』と答えるしかない」。第九部だけまだ文庫本になっていない。

大西美智子『大西巨人と六十五年』（光文社、二〇一七）

大西巨人は日本文学の記念碑的著作『神聖喜劇（全五冊）』の作者。巨人の読みは「のりと」（家の前を小学生たちが通り、表札を見て「きょじんげな」といった、という話を、思い出す）。この本では、夫人により大西家の文字通り闘いの歴史が語られる。そして終章で、九十七歳で亡くなった大西巨人の最期が語られる。

夫妻は次男の旅人《たびと》（生後五日）、三男の野人《ののひと》（四十三歳）を亡くしている。「世界中の人間の力を集めても、世界中の富を集めても、世界中の人間の英知を集めても呼びもどすことの出来ないところへ行ってしまったのだと思って暮らした」。長男の赤人だけが残った。「物心がつき出した赤人（長男）に対して、巨人は大人に対してと同じ態度で接した。幼児だからと甘くはなかった。／近所の奥さんの一人は、大西さんは三歳の赤人ちゃんと理論闘争をされます、と評されていた」。

この良人にしてこの妻あり、というよりも、この妻なくしてこの良人なし、という気がしてくる。『神聖喜劇』が完結したとき、谷崎潤一郎賞の候補になったが、巨人は候補になることさえ辞退した。「今日食う米がなくても、目の前に千万の金が積まれようと、断るものは断る」を実行したのだという。大西巨人も自分の価値基準を持ち、だれにどう思われようと原理原則を大事にした。「人とのつき合いは何事かが生じた時にその人の真価はわかる、本当に信頼出来る人であるか否かが」。

巨人は「(英語の)単語を一度辞書で引くと、読み、訳、スペル、頭に入って忘れることはなかったと言う」。『神聖喜劇』の主人公は超人的な記憶の持ち主だが、それは巨人のことでもあった。「〝就職はしない、執筆によって生活する。おれにしか書けない小説を必ず書く〟巨人が言い続けた信条だった。(夫人は)巨人は必ず達成する人と信じて暮らした」。

二〇一〇年二月、九十四歳の巨人は書斎で尻餅をつき、腰椎を圧迫骨折した。このことを境に、巨人は一気に衰弱していく。妻が語る。「或る夜、就寝する時間にベッドに横たわるのを介助しながら言った。/――あの大西巨人が大西巨人でなくなったら、私がこうしてあげますから――と首に両手を回した。巨人は、『うん』とうなずいた」。

妻には誠心誠意だった。大西巨人はあらゆる意味で稀有な男だった。「夫婦はお互いに信頼し合う。真実でくらすことが大切。気になることがあれば即刻解決する。根に持たない。/夫婦生活は神聖な行為だから、七十になっても八十になってもなおざりにしてはいけない」。

二〇一三年十一月末、再入院。嚥下困難、歩行のリハビリ、痰除去。衰弱したからだにとって、食物を噛む・呑みこむという行為がいかにエネルギーを使うことかがわかる。見舞いにきた妻が帰ろうとすると、じっと顔を見ている。「どうかしましたか。『わが愛妻を見ている』」。「帰り際室を出る前に耳元に、巨人大好き、世界で一番好きと伝えたら、『おれもだ』とはっきり言う。明るい気持ちで帰って来る」。これはいいのだが、「美智子、モンチがしたい」となると、わたしはちょっと困惑。「モンチ」とは大便のことである。
二〇一四年三月十二日午前〇時三十分。「静かな呼吸をしていたが、突然両肩を大きく上下させる深い呼吸を三回したのを最期に身体は動かなくなった。（略）巨人が『無』になった瞬間だった」。享年九十七。大往生だったといってよい。巨人は常々「おれが死んでも誰にも知らせるな、十年十五年過ぎて大西巨人は死んでいたのか、がよい。葬式などするな、骨は海にでも捨てよ」といっていた。これが奇しくも遺言となった。

関川夏央『人間晩年図巻1990〜94年』（岩波書店、二〇一六）

続巻『人間晩年図巻1995〜99年』も一か月遅れで出版されている。ほぼ同時出版といっていいが、合わせて読みたい。山田風太郎の『人間臨終図巻（全三巻）』（角川文庫、二〇一四）の衣鉢を継ぐものである。『人間臨終図巻』は死亡年齢順に書かれているが、こちらは死亡年順である。「山田先生は一九八〇年代なかばに筆をおかれたが、それ以降に死んだ人は書かれずに気の毒ではないか、というのが最初の発想であった」。

三十七人、続巻の三十五人の合計七十二人。そのほとんどがもちろん有名人ではあるが、中島葵（女優）、三人の外国人火山学者、中村曜子（美術商）、風船おじさん、山本満喜子（旧伯爵令嬢）、山本安英（女優）、内村健一（「天下一家の会」創設者）、公文公（「公文式」創設者）、難波康子（登山家）、浅原正基（「シベリア天皇」）、大津高幸（殉職した機動隊員）、金杉忠男（劇作家）、剣晃敏志（力士）、尾嶋彰（建築家）、秋野豊（学者）、寺尾五郎（左翼運動家）など、無名（知る人ぞ知る、ではあろうが）の人の晩年も描かれている。

「その選択は、記憶と好みに従っ」たという。これら無名の人の選択もそうだが、相田みつを、小池重明、神永昭夫、金子信雄などを採用したところは独特である。短いものは三頁、長いものは二十頁、多くは四、五頁だが、三頁といえども、下調べや構成を考えると、相当な労力が必要である。これだけの人数の人物を書くとなると、大変なことである。文章は簡潔、その周辺の人や関連の人まで含めて、ちょっとした伝記と小論になっていて、読み応えがある。

わたしがとくにおもしろかったのは、成田三樹夫、幸田文、山本七平、寺田ヒロオ、公文公、渥美清、三船敏郎の項である。二〇〇〇年代も読んでみたい気がするが、それは関川しだいである。と書いてから、岩波書店のＨＰで「２０００年代編」が連載されていることを知った。山城新伍、吉田清治、高杉一郎、マーロン・ブランド等が書かれている。ただわたしのボロパソコンでは読みづらい。

読んでいて、うたた感慨深いのは、嫌な死に方は別にして、みんなもう普通に死んでしまったのだ、という、羨ましさみたいなものがある。その人たちは、おれも死ぬのか、いつ死ぬのか、ということをもう考える必要はないのである。

平尾誠二・恵子＋山中伸弥『友情――平尾誠二と山中伸弥「最後の一年」』（講談社、二〇一七）

「四十代半ばを過ぎてから男同士の友情を育むというのは、滅多にないことです。なんの利害関係もなく、一緒にいて心から楽しいと感じられる人と巡り会えた僕は幸せでした」。山中伸弥氏は一九六二年生まれで、平尾誠二氏と学年は一緒、年は一歳上。「僕は彼に会うのが嬉しくて、次の約束をすると、その日が楽しみでしょうがなくなります。あまりにもウキウキしているので、家内がいつもやきもちを焼くほどでした」。

出会いから別れまでわずか六年。山中（ここから敬称略）は高校時代から平尾のファンだった。大学で三年間ラグビーをやった。はじめて平尾に会ったとき「（ドラマの主人公）

その通りの人が、そのまま出てきたな」と思った。男前で、心は優しく、思いやりがあり、むしろイメージ以上の男だった。平尾は平尾で、奥さんに「山中先生はすごいナイスガイやった。素晴らしい人やで！」と語っていた。

男の友情、などというと、大抵は〈男〉であることを過剰に意識した連中に多く、なんかの色と臭いがつく。口調や行為の粗っぽさを売りにしたり、ケチな愚行を自慢したりで、わたしは真っ平ごめんである。しかし平尾誠二と山中伸弥の友情はまるまる純粋である。稀有なことである。ふたりとも本質的な男だったのである。平尾はがんとわかったとき（余命三か月半）、「嘘やん」といい、主治医に「うーん、しゃああらへんわね。なってしまったんだから」といって恬淡としていたという。

山中は最新の治療法を探った。アメリカ出張のとき、当日、夕方の飛行機に乗る前に見舞いに行き、帰国翌日にも病室に行った。山中は平尾のがんを直すのは自分の使命だと思った。しかし、だめだった。平尾誠二、享年五十三。平尾をしのぶ「感謝の集い」で、山中伸弥は「きみの病気を治すことができなくて、本当にごめんなさい」と詫びた。そして、一緒に過ごせて「最高に幸せでした」と述べた。いまでも心のなかで「助けてあげられなくてごめんなさい」といい続けている。

犬塚勉作品集（自家版。一九九〇、初版。二〇一八、改訂五刷）

店頭には置いていない。「犬塚勉　公式ホームページ」から注文・購入できる。一七〇〇円＋送料三〇〇円。インターネットで偶然、犬塚勉の「縦走路」と題された絵を見たのがきっかけだった。一目で魅了された。いい絵がたくさんある。超細密画、いわゆるスーパーリアリズムである。ホームページでもいくつかの主要な作品を見ることができるが、やはり手元に置いておきたい。そのための作品集である。

犬塚の絵に人物画は少ないが、わたしのようなド素人の目には、筆致と色彩感覚がアンドリュー・ワイエスに似ているように感じられる。かれは三十八歳のとき谷川連峰の山で遭難死した。もし画業が続けられていたのなら、日本のワイエスになったのではないか、という気がする。

二〇二〇年、新たに『犬塚勉　風景が芸術になる　展』図録が販売されている。立派な図録である。犬塚勉の世界がよりわかる。二五〇〇円＋送料三〇〇円。

安野光雅『いずれの日にか国に帰らん』（山川出版社、二〇一八）

『絵のある自伝』（文春文庫、二〇一四）の続編として読んだ。安野光雅の絵も文章も好きだ。この本には、安野の生地・津和野や、そこで過ごした子ども時代の日々の記憶や、五歳下の弟の宗男さんへの愛情が満ちている。宗男さんは、熊本幼年学校に入った。兄は父親のかわりに入学式に出席した。

「入学式のあった日、弟とは校舎の陰で手をふってわかれた。／戦争がたけなわのおりだった。あれがみおさめかとおもって、わたしはひどい感傷のために、傷つけられて帰った」「今、その弟の写真が一枚、仕事場に飾ってあるが、おもうに実にいい奴だった。つらいことは全部一人でのみこんで、しかも兄を兄とおもっていたのだ」。兄弟は父親がバリカンで散髪をした。刃が髪を噛んで、弟はかならず泣いた。「にいちゃんが、やってくれえ」と泣いた。

兄は弟の勉強をすべて見てやった。「『おまい、兄ちゃんが一生懸命教えているのに、ありがとうくらい言ったらどうだ』と、威張り散らすと『お兄ちゃん、勉強を教えてくれてありがとう』と言い、それを言わせて兄貴風を吹かせていた。わたしは本当に詫びたい」。弟は十三歳の頃、姉の家に養子に行った。かれは大学を出た後、東大阪で教員になり、同僚のひとと結婚した。退職後、挿絵画家になった。その絵もこの本には収録されている。

素晴らしい絵だ。先に奥さんが亡くなり、宗男さんも七十六歳で亡くなった。
　この本には安野自筆の津和野の地図が載っている。その地図を片手に、いつか津和野の町を歩いてみたいと思う。もちろん安野光雅美術館にも行きたい。とは思うのだが、どうにも津和野は行きにくいのだ。片道五、六時間かかりそうだ。それも乗り換えて。わたしは電車で三時間以上かかるところには行きたくないのである。残念。

［生活］

　ジャンル分けがうまくなくて、とりあえず［生活］としたが、［仕事］や［趣味］や［歴史］としてもいい。ようするにノンジャンルである。

楠木建『好きなようにしてください――たった一つの「仕事」の原則』（ダイヤモンド社、二〇一六）

　若者の進路相談に楠木建が答えるという趣向である。ほとんどの回答で、発声一番「好きなようにしてください」といいきるのが小気味いい。なかには「愚問をいただき、ありがとうございます」というのもあり、人によっては、こういう文章を嫌う者もいるかもしれないが、わたしは読んでいてうれしくなる。回答しながら楠木の真っ正直でまっとうな仕事観、人間観、人生観があきらかになっていく。
「好きなようにしてください」とは、「僕の基本的な信念は、『人間、九九%は好きなようにやれ』ということです。好きなようにやるということは、自由意志でやる、自分の意志で自分の人生を歩んでいくということです。一番いけないのは『○○せざるをえない』と勝手に思い込むことです」。

はっきりしている。考えにまぎれがない。しかしここまでくるのに、楠木は相当努力したはずである。苦労を隠す人は「好きなようにしてください」とはいっても、そのためには刻苦研鑽してください、と無粋なことはいわないからである。一方的に自分だけ得をしようとする人生はありえない。「人生はトレードオフだ」ということ。「時間や体力やお金などの資源制約がある以上、『何かを得る』『何かをする』ということは、同時に『何かを手離す』『何かをしない』と表裏一体です」「資源制約がなければ、トレードオフも存在しません」。

また楠木はこのようにいっている。「人が勉強をする目的は、究極的には一つだけだと僕は考えています。『自分の頭で考え、自分の意見を持ち、それを自分の言葉で表明する』、これに尽きる。『自分なりの価値基準を持って生きられるようになる』と言ってもよい」。

つらつら考えるに、人生で大事なことは自分の価値観を持つことである。世間の価値観より、それに従って生きられればいい。それが自立ということだ。あとひとつは、松坂熊吾の「自分の自尊心よりも大切なものを持って生きにゃあいけん」ができるようになりたい。だが、これが至難の技だ。

『すべては「好き嫌い」から始まる――仕事を自由にする思考法』（文藝春秋、二〇一九）は、さらにパワーアップしている。独自の考えをこんなに真っ正直に、なんの躊躇もなく堂々と書いた人は、楠木建以外にいない。

若林正恭『表参道のセレブ犬とカバーニャ要塞の野良犬』（KADOKAWA、二〇一七）

『完全版　社会人大学人見知り学部　卒業見込』（角川文庫、二〇一五）がおもしろかったので、その流れで読んだ。キューバ旅行記だが、じつに文章がうまい。装丁もよく、本人が撮ったという写真もいい。椎名誠にしても沢木耕太郎にしても、なんでみんな写真の撮り方がうまいのか（わたしは嫌になるほど下手）。タイトルは若林が望んだものなのか。センスがいい。

二〇一八年度の斎藤茂太賞を受賞した。審査員の一人である椎名誠がこの作品を「純文学」と評したというが、これはただの旅行記よりも「純文学」のほうが価値が高いということか。どうでもいいことである。わたしにとっては、すぐれた旅行記である。

『ナナメの夕暮れ』（文藝春秋、二〇一八）も読んだ。若林も成長した。いいことなのか、残念なことなのか。「人見知り」は緩和され、「ナナメ」もまっすぐになってきたようである。たぶん、いいことなのだろう。『ナナメの夕暮れ』というタイトルがよかったが、『表参道のセレブ犬とカバーニャ要塞の野良犬』もいい。本気度がうかがえる。

塩野七生『ギリシア人の物語Ⅲ　新しき力』（新潮社、二〇一七）

アレキサンダー大王は史上最大の英雄といわれるが、実際どこまで征服したのか、どのような人物だったのか、を一回ちゃんと勉強したいものだと思っていた。マケドニアがどこにあったのかも、よく知らなかったのである。この本を読んでよくわかった。ギリシアの神々から背を向けられたギリシア北方にある後進国。民族はおなじギリシア人だが、四年に一度開かれるオリンピアの競技会にも、ギリシアから三百年もの間呼んでもらえないほど無視された地域である。

テルモピュレーの戦い。紀元前四八〇年、クセルクセス王率いる二十万の大軍のペルシア軍に対する、スパルタ王レオニダス率いるわずか三百名の精鋭。ペルシアの大軍に一週間も足止めを食わせた。「武器を差し出せば全員に無事の帰国を認める、と言ったペルシア王クセルクセスに、『モロン・ラベ』（取りに来たらよかろう）と答えたレオニダスと三百の勇名は、結局は全員の玉砕で終わったとはいえ、今なおギリシア人の胸を熱くする故事なのであった」。

取りに来たらよかろう、は、会津攻めをするぞと上杉景勝を恫喝する家康に、お相手つかまつる、と返事をした直江兼続の直江状を思い起こさせる。フィリッポス二世はアレクサンドロスの家庭教師にプラトンの弟子アリストテレスを招聘した。ペルシア王の支配下にあるエーゲ海の向う側（イオニア地方）に住むギリシア人の解放は、フィリッポス（ギリシア）の悲願だった。遠征の目的は「ペルシア支配下にあるギリシア人の解放」である。アレクサンドロスは二十歳で王に就任した。アレクサンドロスには「生涯の友」のヘーファイスティオンがいた。生涯尊敬したのは英雄アキレウスで、「生涯の愛馬」はブケファロスである。

「誰よりも自分が兵士全員の手本であらねばならないというのが、彼が自らに課した責務」。だからアレクサンドロスは「何であろうと先頭に立つ」。「一兵卒ではできないこともやれるのがリーダーの存在理由」だからである。有名なイッソスの戦いは、ダリウス側二十万、アレクサンドロス側は三万にも満たなかった。それを卓抜な戦術で打ち負かした。後世の英雄であるハンニバル、スキピオ、カエサルの三人が三人揃って、英雄として一致して名前を挙げたのはアレクサンドロスである。

塩野が細かく段落を開けて書いているので読みやすい。文章は硬いのだろうと予想して警戒していたのだが、意外にも、砕けていておもしろい。『ギリシア人の物語Ⅰ　民主政のはじまり』も『ギリシア人の物語Ⅱ　民主政の成熟と崩壊』も読もうという気になる（が、まだ読んでいない）。

【戦記】

戦記物は好きだが、読む本は減っている。これは最近読んだ中で、記憶に残っている一冊。

古川薫『君死に給ふことなかれ――神風特攻龍虎隊』（幻冬舎文庫、二〇一八）

布張りの複葉練習機、通称「赤トンボ」で特攻死したという恐るべき実話。わたしはこの本を読んだとき、日本軍の馬鹿さ加減に言葉を失った。あんな飛行機まで特攻に駆り出したのか（この馬鹿さはいまだに日本と日本人のいたる所に生きている）。零戦の飛行速度は五百㎞だったが「赤トンボ」は二百㎞そこそこだった。この特攻作戦には著者自身が整備士として関わっている。

　二〇一五年（平成二十七年）十月二十八日朝七時のＮＨＫのニュースでこの本が採り上げられ、著者の古川薫が出演した。戦争当時、古川薫は赤トンボの整備士だったのである。まさか特攻に使用されるとは夢にも思わず、ただの記念のつもりで飛行機の操縦席に「栄光ノ赤トンボニ祝福ヲ　武運長久ヲ祈リツツ本機ヲ誠心整備ス　日立航空機羽田工場技手補古川薫」と刻んだ。

　戦況は悪化し、古川も召集された。昭和二十年八月上旬、前線に向かう直前、古川の元に手紙がきた。「まもなく特攻出撃します。あなたの一文を発見し、最後のお別れを告げたくなりました。自分も消えます。貴方の未来に祝福を。その未来の時間のなかに俺の時間も少しばかり入れてください」。差出人は「Ｍ・Ｋ」。特攻隊員だった。

　戦後五十五年が経った二〇〇〇年（平成十二年）、ある資料により、その差出人が川平誠元海軍少尉（享年十九）だったことがわかったのである。古川薫はその顛末の一切を残すべく、取材も含め十五年をかけて『君死に給ふことなかれ』を書いた。

凄惨かつ悲痛な物語だ。ところがこの本を読んだ川平さんの遺族から連絡が来て、古川は川平誠元海軍少尉の墓参を果たすことができたのである。古川は墓前に正座して書を捧げ、墓石に手をかけて泣いた。古川はそのとき、続編を書く意欲満々で準備をしていたのである。

わたしはそのＮＨＫのニュースを見て、「続編が書かれるのか？」と大いに期待した。その後、時折アマゾンで刊行予定が出ていないか調べていた。ところが残念なことに、古川薫は二〇一八年（平成三十年）五月五日に九十二歳で亡くなっていたことがわかったのである。テレビ出演時は、古川はまだ元気そうだったが、さぞかし無念だったことだろう。かれの遺稿はどうなったのか。

『君死に給ふことなかれ』の文庫本が二〇一八年八月に出ていたことがわかった。遺稿を増補してくれればよかったのに。無理だったのか。

第7章　読書の終着点

――いま、読書できることのしあわせ

老いと読書

昔の本を見ると、活字の小ささにびっくりする。わたしたちはこんな小さい活字を平気で読んでいたのか。いまでは、出版社は昔出ていた文庫本も含めて、活字を大きくしている。考えてみれば、読書人口の大半が高齢者になってしまった現在、当然の対応ではあるが、実際、読みやすくて、大いに助かる。しかし大文字に慣れたのはいいが、それがかえって仇となって、たまに小文字の本にあたると、「うわっ」と怯むのである（それでも文字サイズを自由に変えられる電子ブックで読もうとは思わないが）。

ただ、必要とあらばしかたがない。どんなに字が小さかろうと読むしかない。そしてまた、それにも慣れるのだ。林語堂の「生活の発見」を読みたいために、それが収録されている『世界教養全集４』（平凡社）をアマゾンのマーケットプレイスで買った。「生活の発見」の他に、阿部次郎「三太郎の日記　第一」、R・L・スティーヴンスン「若き人々のために」、J・シャルドンヌ「愛、愛よりも豊かなるもの」の三篇が収録されている。これが一九六三年発行で、小文字びっしりの上下二段組なのだが、こういうものは文句をいってもはじまらない。つべこべいわずに、読むしかないのである。

本は基本的には家の外で読むことが好きである。公園でもいいが、やはり落ち着くのは広く静かな喫茶店である（これが少ない）。タバコ、アイスコーヒー、文庫本の三位一体が揃った時空は至福であった。三、四時間でも居つづけることができた。ところがそこから、無念にも体調上の理由で、タバコが脱落した。止めて一年になる。三位一体のバランスがひっくりかえり、至福の楽しみが半減、いや八割減になった。喫茶店はいまでは、せいぜい一時間半位しかもたなくなってしまった。

もちろん、家でも読む。多くは深夜、ひとりの時間のときである。しかし畳の部屋だから、すぐ横になりたがる。癖である。それで長時間の読書はもたない。勤めていた頃は、往復の通勤電車で少しの時間でも読んだものだが、電車に乗ること自体がめっきり少なくなった。それでもたまに都心に出かけるときなどは、小一時間の間、一回も頭を上げることなく本に没頭することができる。あとは小旅行のときの車内くらいか。

読む本はほとんど娯楽中心である。帰るべくして帰ってきた場所だ。変化といえば、文学や現代小説をほとんど読まなくなったことか。かわりに、前章でふれたように、時代小説を読むようになった。これは、年のせい、といえばそうかもしれない。時代小説（ミステリーも）は物語性がシンプルでいい。めんどうがないのだ。つくづく時代小説（ミステリーも）というジャンルがあってよかったと思う。

もう本を買うことは少なくなった。定年退職してからは一層顕著だ。一番本を買ったのは三十、四十代だった。このときは異常なほど「本」自体に取りつかれていた。だがそれもいつの間にか収まり、逆に、こんなにバカみたいに揃えてどうするんだ？　と、ほとんどの本を売り払ってしまった。一番最後に買った高価本は五十六歳のときの『吉本隆明全詩集』二万五千円である（これはもちろん売っていない）。最近買った本は、ドン・ウィンズロウ『ザ・ボーダー（全二冊）』合計二千六百円である。

図書館は三十代の頃から利用している。いま読む本の八割、九割は図書館の本である。長い行列が出来ている本、二週間でとても読めそうにない本、にもかかわらずなにがなんでも読みたい本、は買う（先の『ザ・ボーダー』がそうである）。それ以外の、一回読めば十分だなと思われる本はすべて図書館である。わたしの現在の読書生活はほとんど図書館に支えられているといっていい。

老いたからといって読書のしかたに顕著な変化があったわけではない。たったひとつ、読書の第一原則が、「おもしろい（おもしろそうな）本を読む」に定まったことである。だれがなんといおうとこれは揺るがない。おれはこれでいい、と決めたのだ。決めてから、心はすっきり晴れやかである。その意味で、時代小説（ミステリー）は、文学や現代小説よりあきらかに「おもしろい」のである。
　ところが、これが読書のプロを自任する連中から、まあ評判が悪い。

本読みは威張っている?

　斎藤美奈子は、各種の調査から、現在の日本の読書人口を「五〇〇〜六〇〇万人」と推定している。そしてその「おそらく九割は『善良な読者』」だと推定し、「善良な読者」とは「『読書ビギナー』の別名」でもあるから、かれらこそが「ベストセラーの主な購買層」なのだろう、と考えている。ここまではいい。このあと斎藤は、なんの恨みがあるのか、この「善良な読者」を腐しはじめるのだ。

　かれらは「合コンや見合いの席で、あるいは会社の面接試験で『趣味は何ですか?』と問われたら、『はい、読書です』と明るく答える。履歴書の『趣味』の欄にも『読書』と書き、『本を読むのが唯一の楽しみで』と臆せず自己紹介をする」。かれらはまた「本を読むのは無条件によいことだと信じている」が、「教養だの古典だの、偉そうなことはいわない」。ただ「おもしろい本、感動できる本を読みたいだけ」である。「こんなに愛すべき『いい読者』がいるだろうか」（『趣味は読書。』ちくま文庫、二〇〇七）。

まあ思い切りコケにしてくれたものである。「善良な読者」になんの恨みがあるのかね。「愛すべき『いい読者』」？　斎藤はいったい何様の立場に立っているのか。かれらがあんたの本を買ってくれているんだよ。あなたからは感謝されこそすれ、揶揄されるいわれは微塵もないはずである。それに、これだけいえば満足かと思えば、斎藤の嫌みはまだ終わらない。なおもネチネチとこういっている。

かれらの「唯一の欠点」は「本の質や内容までは問わない点だ。『感動しろ』といわれれば感動し、『泣け』といわれれば泣き、『笑え』といわれれば笑う」。かれらは「健全な労働者」であり「真っ当な生活者」でもある。しかしただそれだけで、「自らの意識を根底から覆すような本は読みたくないし、後々までズシリと残るような重たい本も読みたくない。その場かぎりの楽しい娯楽。本を閉じたら『あー、おもしろかった』と伸びをして、日常業務に即戻る。彼らにとって読書はあくまでも趣味、なのだ」。

まあ、よくもいってくれたもんである。びっくりしたわ。読書には、あとになにも残らない低級な大衆的読書（娯楽）と、深みも厚みもあって人間的成長に資する高級な読書（教養）とがあるらしい。斎藤の『趣味は読書。』というタイトルは、〝露骨な欲望が多々蔓延する現在、趣味が読書とはまた健気なことで〟と肯定しているのかと思ったら、逆で、馬鹿にしていたのだ。本読みの五百万人の九割にとって「読書はあくまでも趣味」なのはあたりまえじゃないか。「あー、おもしろかった」のなにが悪いのか？　なにが「自らの意識を根底から覆すような本」だ。

斎藤はまた、かれらは「メディア・リテラシー（情報を選択的・批判的に見る目）を多少は養ったほうがいい」と、生意気なことをいっている。当然、自分にはその「メディア・リテラシー」が備わっている、ということが自明の前提となっている。自分は本読みの達人で、硬軟なんでもござれで、書評をさせればユーモアだって利かすことができるんだよ、という自負があるのだろうが、大したことはないのである。

では「善良な読者」とは、自分で判断できないからベストセラーならなんでも盲目的に買い、作家の狙いどおりに泣き、笑い、感動し、「あー、おもしろかった」以外に本の読み方を知らない「愚かな大衆」なのか。「まさか、とんでもない」と斎藤はいう。かれら「善良な読者」こそ「零細で斜陽な出版産業を支える重要な消費者なのだ」。読者としてではなく、あくまでも「消費者」としてでしか評価されないのである。

五百万人の残りの一割のなかに、「善良な読者」とは対極の「邪悪な読者」がいる。それについても斎藤は、「『ベストセラーなど読みたくない』『読まなくてもわかる』とうそぶく『邪悪な読者』の一群は、自分が『あんな大衆食堂のメシなど食いたくない』『食わなくてもわかる』とうそぶく嫌味ったらしい美食家と同類であることを、少しは自覚したらいいのである」と書いている。

ところが斎藤美奈子は、どうやら自分をその「邪悪な読者」と規定しているらしい。ただそこはそれ、自分だけは自覚した「邪悪な読者」だから別格ね、とでもいいたいらしいのである。

おもしろい本は少ないか？

かくも「あー、おもしろかった」だけの読書はバカにされる。出口治明も「どうして私が本を読むのかといえば、／『おもしろいから』／としか、答えようがありません」と書きながら、「ああ、おもしろかった」だけの読書は「時間のムダ」だというし、齋藤孝は「わかりやすく読みやすい読書」は「乳歯レベルの読書」でしかないという。読書家だけでなく、一般人の本読みのなかでも、一廉の読書人気取りの者は、「あー、あれな、ただおもしろかっただけで、あとになーんも残らんやつな」といったりするのだ。

「あー、おもしろかった」の読書とは、純粋に楽しい読書のことである。つまり、本好きの多くの人が本に求めていることである（と思う）。「おもしろい」とはどういうことか、などといいだせば、紛糾してわけがわからなくなる。また小説や映画については「おもしろかったよ」というが、音楽や絵画についてはいわない。「あれはいいよ」とか「好きだな」である。しかし「好きだな」は本にも映画にも使える。「おもしろい」は物語性があるモノに対して、「いい」は感覚的なモノに対して使う言葉か、などと考えてみたが、よくわからない。まあいいや。

ようするに、「おもしろい」の定義なんかはどうでもいいのである。問題は、なにがおもしろいかで、それは人それぞれだ、ということである。丹羽宇一郎がこのようにいっている。「面白いとか感動したといった作品は、そうそうありません。少し前にはお笑い芸人が書いた小説や、コンビニを題材にして芥川賞をとった小説がよく売れたようですが、正直、面白いとは感じませんでした」（『死ぬほど読書』）。しかし又吉直樹の『火花』、村田沙耶香の『コンビニ人間』をおもしろいと感じる人間も大量にいるのである。

「おもしろい」作品は「そうそうありません」もまた、人それぞれである。「おもしろい」のレベルが低い人は、「おもしろいのは多いよ」、というかもしれず、どちらが正しいというわけのものでもない。いや、おれの評価は本質的で深い、あんたの評価は表面的で浅い、ということはあるだろうが、それをいってもしかたがないのだ。ただ、わたしはこの点では、丹羽に同意する。お笑いも本も映画も、おもしろいものはそうそうない。同意はするものの、丹羽の「おもしろい」もの、出口の「おもしろい」ものと、わたしの「おもしろい」ものはちがうのである。

娯楽の読書というと、たとえば、と例に挙げて申し訳ないが、堺雅人の『文・堺雅人』（文春文庫、二〇一三）や、星野源の『そして生活はつづく』（文春文庫、二〇一二）や、大泉洋の『大泉エッセイ——僕が綴った16年』（角川文庫、二〇一五）などのようなタレント本や、蛭子能収の『ひとりぼっちを笑うな』（角川ｏｎｅテーマ21、二〇一四）のような軽いエッセイものと思われるかもしれない（わたしはこれらは好きだが）。読書人を自任する人からは、暇つぶし本、手すさび本と下に見られかねない。しかしこれらの本に「娯楽本」とシールが貼っているわけではなく、わたしも「これは娯楽本だな」と意識して読んでいるわけでもない。

「あとになんにも残らない」本にしても、読んでいる途中で、あるいは読み終わったあとに、「ああ、おもしろかった」という時間が過ごせたのなら、それだけで十分なのである。それこそが読書の楽しさである。「あとになんにも残らない」というが、あとになにが残れば満足なのか。そもそも、あとになにが残るのか。本人にはなにか残ったような気がするだけで、ほんとうは大したものなど残りはしないのだ。

本に意味をつけすぎである。「感動だよ」「感銘だよ」「ズシリと重いなにかだよ」というのなら、それは「おもしろさ」に入っているのである。娯楽本でも、あとに残るものは残る。「おもしろい」のなかには、感情や感覚が動いたこと、知的好奇心を刺激されたことのすべてが入っているのである。それを「おもしろい」の一言で表現しているのだ。それが「善良な読者」の素朴な感想である。

ほんとうにおもしろいことや楽しいことなどめったにない日々の暮らしのなかで（わたしの場合ね）、真に「いやあ、おもしろかった」と思えることがあることは希少かつ貴重なことである。それをもたらしてくれるひとつが娯楽の読書である。もともと、わたしが本を読むようになったのは、本が「おもしろい」と感じたからである。知らない世界に目を開かされたのも、驚きという感動があったからである。

武器としての読書、なんて考えは微塵もなかった。いまだにない。もっとも、こんなことをいえるのも、わたしが年をとったからかもしれない。読書の冬には、自由で楽なことが一番なのだ。娯楽読書はいわば読書の原点である。だれでもそうではないだろうか。本はおもしろい、と感じたからこそ、無数にある趣味のなかから読書をそのひとつとして選んだはずなのである。

自分自身の「おもしろさ」に従うだけ

本好きから見ると、本を読まない人間がなぜ本を読まないでいられるか、が不思議である。しかしこういうことは、人間行動のすべてについていえる。スポーツだって、野球、サッカーなど大人気のスポーツがあるのに、なぜ水球、フェンシング、ハンドボール、砲丸投げ、競歩、などのマイナーなスポーツを選ぶ人がいるのか、ということにもなる。堂々とした理由があるわけではない。単純にあるきっかけでやるようになり、やってみたら、意外におもしろかった、ということだろう。

本だって、本を好きになろうとして読み始めることは少ないだろう。なんかのきっかけで読み始めたら、意外におもしろく、はまってしまった、ということである。できなかったことが徐々にであれできるようになること、わからなかったことがわかるようになること、知らなかったことを知ったこと、はすべて「おもしろい」。自分の新たな能力、新たな感覚、新たな知力に気付くことは、すべて「うれしい（楽しい）」ことだからである。

無理をして本を読もうとしなくてもいい（してもいいが）。なかなかに無理だからである（わたしは囲碁、クラシック音楽をがんばってみたが、だめだった）。まあトライしてみるのはいいことだ。興味を持てるかどうかは、やってみなければわからない。わたしは本を読まない人間に寛容である（何様なのだわたしは?）。しかし齋藤孝はけっこう厳しいよ。アインシュタインの「世界一有名な方程式$E=mc^2$」の宇宙的意義を説明したあとで、齋藤はこういっている（『読書する人だけがたどり着ける場所』SB新書、二〇一九）。

> ところが、$E=mc^2$にも驚かない人もいます。
> 「だから何?　全然わからない」と切り捨ててしまう人。数式が出てきた時点でもう「無理」と言って知ろうとしない。あるいは「『源氏物語』?　古文はつまらない」「x軸とかy軸なんて知らなくても生きていけるし」などと言って深み（教養の……引用者注）に入っていこうとしない。
> それは、失礼ながら、「無教養な人間のやる無作法な態度」というものである。

感情的にならない齋藤が精一杯怒っている。「無教養な人間のやる無作法な態度」！　齋藤も年を取って怒りっぽくなったな。しかし自分の文章なのに括弧でかこって、本意ではないと示している。一般的な定説、あるいはだれかがいうであろう罵詈《ばり》讒謗《ざんぼう》の引用に見せかけている。それとも強調のつもりか。たぶん本音は、低能な人間のくそ生意気な態度、といいたいのであろう。

けれど、ほとんどの人間がそうではないか。わたしも$E=mc^2$に「驚かない人」のなかのひとりである。「無教養な人間」はそのとおりだが、「無作法な態度」はあたらない。「そんなもの関係ねえよ、そんなこと知っててなんの役に立つんだよ。くっだらねえ」とかいうやつがいれば、「無作法な態度」どころか、くそ生意気な愚者というべきだろうが、そんなこと「知らなくても生きていける」のはそのとおりなのである。

齋藤は、無知でもいい、知らないものは知らないでもいいが、それに開き直って、価値あるものを無視したり、無価値なものとして切り捨てたりする態度に我慢ならないのである。まあたしかにそういう人間はいるが、『源氏物語』？　何それ？　とか、「古文はつまらない」という若者がいてもしかたがないのである。わたしだって「ラップはつまらない」と思うし、雲丹の軍艦巻きなど、何それ？　である。

わたしは本好きは偉いとは思わない。本を読まない人間はバカだと思っていない。しかし、本なんか意味ねえよ、とわざわざいうやつは低能だと思う。「おれはバカでいいもんねえ」「もうバカばっかしやってますよ」という本物のバカと、人が大切にしている価値を、わざと小馬鹿にしたり、ことさらに貶すやつは低能である。こういうことをはっきりいってもそんな連中にはなんの効果もないが、効こうが効くまいが、こういうことははっきりいっておいたほうがいい。

　齋藤孝は、人は読書によって人間の「深さ」に到達することができる、という。人間の「深さ」とは教養の「深さ」であり、それは「全人格的なもの、総合的なもの」である。そして教養は読書によって培われる。その「教養が人格や人生にまで生きている人が『深い人』」である（『読書する人だけがたどり着ける場所』）。なんとも胡乱な、わかったようで、わかりにくいが、いわんとしていることはわかる。何事にも「深い」という概念はあるが、その説明が難しいのである。

　わたしに教養があるかどうかは疑わしい。広範な知識は薄いが、人と世界に対するわたしの応接のしかた（言動）が中庸的であり、それをも教養と呼ぶのであれば、その基盤は子どもの頃の父母をはじめとする生育環境によってつくられたという感じがする。その後、自分で修正・改変はした。しかしその教養が適切であったかどうかは所詮わからない。わたしは自分が適切だと思う生き方で生きることしかできない。だが反省し、自己矯正をすることはできる。ある程度、年をとるにつれてできるようになった。

これとおなじで、「おもしろい」とはなにか、などといいはじめたら埒はあくはずがないのである。定義はできないが、本のおもしろさであれ、お笑いのおもしろさであれ、わたしはわたしがどんなものに「おもしろさ」を感じるかはわかっている。わたしが「おもしろい」と感じるものが、わたしにとっての「おもしろさ」である。わたしは、それに従うまでである。そしてそれは、わたしだけがわかっていればいいことだ。

本の人気がないのは昔から

「オワコン」という言葉がある。ウィキペディアによると、「終わったコンテンツ」の略で、「一時は栄えていたが現在では見捨てられてしまったこと（もの）」のことである。「コンテンツ」は元々「中身」「内容」のことで、本でいえば「本文」のことだが、ネット上のある解説では「娯楽や教養のために創作された内容を指し、小説、ニュース、音楽、ゲーム、映画、地図、天気予報など、あらゆるものやサービスがある」と説明されている。

二〇一七年、「お笑い」は「オワコン」と茂木健一郎がツイッターで呟いて、お笑い芸人たちやその周囲から、一斉に批判を浴び、茂木は結局謝罪した。そのときわたしは「オワコン」が「終わったコンテンツ」とはじめて知った。茂木の批判はこういうものだった。「日本の『お笑い芸人』のメジャーだとか、大物とか言われている人たちは、国際水準のコメディアンとはかけ離れているし、本当に『終わっている』」「日本のお笑い芸人たちは、上下関係や空気を読んだ笑いに終止し、権力者に批評の目を向けた笑いは皆無。後者が支配する地上波テレビはオワコン」。

「国際水準」がどうの「権力者」への批判がどうのはともかく、お笑い界への茂木の批判はまるっきり的外れには思えない。いまやお笑い芸人の社会的地位は格段に上がり、力を持った。テレビは芸人なしではもはや成り立たない。お笑い界の大物たちは、テレビ局の幹部が総出で迎えるという。

役者やコメンテーターをする者が多数出て、新聞にも連載を持つ。街中のロケをやれば傍若無人の騒ぎである。役者たちのなかには笑いを競う者も出てきたり、芸人に阿《おもね》る者も出てくる。安倍晋三総理が情けないことにトレンディエンジェルの斎藤と並んで「斎藤さんだぞ」をやり、ＩＫＫＯと並んで指を立て「どんだけ〜」をやる始末である。

しかし肝心のお笑いの「ほとんど」がおもしろくないのが致命的だ。まあ腹が立つほどおもしろくない（二〇一九年のM－1のミルクボーイは久々の当たりだった）。もっとも、世間の評価は真逆だが。まあそんなことはどうでもいい。本も若者の間では「オワコン」と見なされているのではないかということだ（もう「オワコン」という言葉が終わっているらしいが）。ようするに本は娯楽や教養の対象として魅力のない内容ではないか、ということである。コミックマーケットやニコニコ動画やVR、海外でのeスポーツ人気を見ていると、本はまったく太刀打ちできない。

もっとも、本は昔から人気がないのである。わたしが生まれてから、本が人気だったことは一度もない。本好きの子どもはいたのか。わたしの周囲には高校までだれひとりいなかった。大学に入ってからは、高校のときから本が好きだったというやつに何人か会ったが、やはり大半の連中は麻雀ばかりでバカばっかしだった。いまの学生には、四年間で本をただの一冊も読んだことのないものがかなりいるのではないか。

しかし、世間での本に対する評価などまったくどうでもいいことである。なぜ本は人気がないのか、どうしたら本好きを増やすことができるか、もどうでもいい。わたしは紙の本が好きで、おもしろそうな本を死ぬまで読みつづけるだけである。齋藤孝はiPad Proで電子書籍を読むことも多いという。iPad Proか。進んでるなあ。「キンドルアンリミテッド」は、月額千円程度で十万冊以上の本が読み放題だという。「漫画も含め、私は1日10冊くらいこなすときもあります」。折角だが、わたしは「～放題」は羨ましくない。真似しようとはまったく思わない。

最後まで残るのは読書

二〇一八年十月に脳梗塞をやって以来。おれもいつまでも元気なわけではないのだと思い知らされた。これからはスポーツのテレビ観戦、NHKの将棋番組、簡単な国内旅行と読書と映画を見ることだけを楽しみにしていこう。このなかでも読書は最後まで残りそうな気がする。将棋はいずれめんどうになりそうだ。旅行はいまはまだ体が動くから行く気はあるが、これも少しでも体力が落ちれば中止になるだろう。映画はいまでもおもしろいものが少ない。となると、残るのは読書しかなさそうだ。

スポーツ観戦は好きなのだが、これもいずれは興味がなくなりそうな気がする。いま興味があるのは、テニス、野球、サッカー、陸上、水泳、あとはなんの競技であれ日本代表の試合、その他その他である。二〇一九年のラグビーW杯はおもしろかったですな。しかしテニスは錦織圭の試合をあまり見なくなった。それに伴い、全般的に見なくなり（F1

のように）、サッカーも日本代表に以前ほどの興味が持てなくなった。

　野球は広島カープを応援していたが、これも野球全般にたいする興味が薄れてきている。ヒーローインタビューはいらない。野球選手はプレーだけでいいのだ。バカのひとつ覚えの「最高でーす！」など、あまりにもバカすぎる。「熱男《アツオ》!!」なども嫌である。多くの野球ファンはあれが好きらしいが、わたしはバカじゃないかと思っている。野球は二十世紀の古いスポーツという気がする。なんだがラグビーW杯を見てからは、ほかの人気スポーツがとろくさく、霞んで見えるようになったのである。

　むしろ東京オリンピックのバスケットボール日本代表のほうが気になる。八村塁や渡邊雄太や馬場雄大の将来も気になるところだ（にわかのミーハーですまんです）。とはいえ、まだバスケットボールのほんとうのおもしろさはわかっていない。しかし、新しいものへの興味、という意味では、いま一番関心がある。

　アメリカのＮＨＬ（ナショナルホッケーリーグ）の三軍にあたるＥＣＨＬのチームで、ＮＨＬを目指している平野裕志朗という選手がいる。かれは福藤豊以来二人目のＮＨＬプレーヤーを目指している。人知れずがんばっている、こういう若者が好きである。両膝の相次ぐ前十字靭帯断裂で二年間の戦線離脱からやっと復帰した宮市亮（独二部、ザンクトパウリ）も気になる。是非がんばってもらいたいと、ひそかに応援している。
しかしそれでも、読書なのである。すべての趣味のなかで（といってもほとんど無趣味なのだが）、読書だけが最後に残る。わたしは知らないが、多くの高齢者はじつにいろいろなことをしている。登山、水泳、文化講座、語学、ゲートボール、ゴルフ、世界遺産巡り、パチンコ、競馬。千差万別である。けれど、こういうこと（なんでもいい）をするのは好きだが、本は読まないという人がいるだろう。こういうこと（パチンコでもいい）も好きだが、本を読むのも好きだよという人もいるだろう。本は他の趣味と競合しない。

本は「ひとり」好きのものではない。山に行くときはかならずリュックに一冊いれるよ、という人は「カッコいい」。夜は仲間とわいわいやるが、家に帰るとひとりで本を読むよ、ということはもちろんあっていいし、あったほうがいいと思う（わたしはつねに「ひとり」が好きだが）。

けれど、もう人のことはよい。読書の冬だ。わたしは、できる範囲で、自分の好きに生きていいのである。本に関しては、おもしろそうな本を好きに読んでいい。だからといって、がちがちに、おれは自由でなければならない、と自分を縛りつけることはしない。なんでも好きに読んで、自分に合わなければ、やめればいいだけのことである。あまり読書にモラリスティックになることはない。

読書にたいする意欲は衰えていない。いま楽しみにしているのは、堀田善衛『定家明月記私抄（正・続）』『ミシェル　城館の人（全三部）』『ゴヤ（全四冊）』である。堀田はこれまで『広場の人』と『方丈記私記』を読んだだけである。

楠木建が勧めている『時代の風音』（朝日文庫、一九九七）がめっぽうおもしろかったのである。堀田善衛と司馬遼太郎と宮崎駿の鼎談集である。とくに堀田善衛を見直した。フランスやポルトガルに滞在経験があって、こういうことをいう人だったのか。もしかしたら『ミシェル　城館の人』や『ゴヤ』は退屈するかもしれない。そうだったとしても、いい。気分の赴くままにする。

司馬遼太郎の『この国のかたち（全六冊）』（文春文庫）ももう一回読み返してみたいと思う。いまさら「この国」がどうなろうと知ったことではない、という気もするが、司馬の考え方をもう一度知りたいという気がする。

北方謙三の『チンギス紀』は現在六巻まで出ている。読みたいがこれはまだお預けである。北方の情熱には素直に頭が下がる。北方はわたしとおなじ一九四七年生まれだが、体に悪いところはないのだろうか。だとしたらじつに幸運な男である。このまま完結へ向かって進んでいってもらいたいものだ。『チンギス紀』は「お預け」のまま、ついに預けっぱなしになるかもしれないが。こういう楽しみがあることは、しあわせなことだ。とかいいながら、そのうち我慢できずに読み始めそうな気がする。

本当の「残された時間」の読書

編集サイドから示された本書のテーマのひとつに、老後の残された人生でなにを読むのか、というものがあった。わたしは、定年後や老後を「残された人生」と考えたことはないし、それゆえその時間のなかで、なにか特別な読書をするというモチーフが生じるはずもなく、そのテーマは沙汰止みとなった。わたしにあったのは、単純に、わたしは死ぬまで本を読みつづけるだろう、という思いだけであった。

ところが最近、新聞の「サンヤツ」（新聞一面の下部にある本の小枠広告）で「余命宣告をされたら何を読みますか」という新刊本の広告を見たのである。それが、金子直史『生きることばへ——余命宣告をされたら何を読みますか？』（言視舎、二〇一九）である。老後の残された人生どころか、「余命宣告」すなわち限定された命の期間という、より深刻な状況のなかで、「何を読みますか」というのである。ショッキングなタイトルだった。

わたしは死ぬまで本は読むだろうとは思ったが、まさかこんな「死ぬまで読書」は考えてもみなかった。おなじ「死ぬまで読書」でも意味や重みがまったくちがう。金子直史さんという人がどんな人で、どういう決意のもと、あるいはどんな気持ちで、どんな本を読んだのか。これは読まずにはいられない。

それで早速読んでみた。ところが、表紙を見て、ああ、ちょっと違ったかな、と思った。著者の肩書に「元共同通信記者」とあったのである。文章書きのプロだったのか。わたしは勝手に市井の人が書いたものだと思い込んでいたのである。

金子直史氏は一九六〇年東京生まれ。麻布高校、東京大学教養学部卒。共同通信社入社。二十九歳で結婚、二人の娘さんを授かった。三十五歳のとき、報道部から編集局文化部に移動。五十歳、文化部長。五十三歳のとき大腸がんが見つかり手術。ステージ1。完全に取り除き、五日で退院。完治したと思われたが、五十六歳のとき再発。

金子さんは二〇一六年の年末に、主治医に病状を訊いた。軽い感じで「まあ、何もしなかったら1年。処置をして2年？…3年かな??」といわれ「思わず、耳を疑った」。翌二〇一七年の十二月、金子さんは「自分が病気になって感じたことを踏まえながら、病や死に直面した作家たちがいのちについて書いた言葉を紹介したい」ということから（文化部長加藤義久氏の「まえがき」による)、「生きることばへ　いのちの文化帖」を企画、週一回の連載を書き始めた。

二〇一八年七月、三十回の連載を書きあげた。がんによる激痛と抗がん剤によるさまざまな苦痛のなかでの仕事だった。それが同書に収録されたものである。同年九月、死去。享年五十八。

この本に収録されている本は三十数冊ある。金子氏が選んだのは次の本である。全部転記してみる。

正岡子規『病牀六尺』、中江兆民『一年有半』、高見順『死の淵より』、原民喜『夏の花』、Ｄ・リーフ『死の海を泳いで――スーザン・ソンタグ最期の日々』、直野章子『「原爆の絵」と出会う』、保阪正康『「特攻」と日本人』、吉田満『戦艦大和ノ最期』、島尾敏雄・吉田満『特攻体験と戦後』、石牟礼道子『苦海浄土』、鶴見和子・石牟礼道子『言葉果つるところ』、鶴見和子『遺言』、真木悠介『時間の比較社会学』『気流の鳴る音』、見田宗介『宮沢賢治――存在の祭りの中へ』、宮沢賢治『春と修羅』『銀河鉄道の夜』、柳田国男『遠野物語』、奥野修司『魂でいいから、そばにいて――3・11後の霊体験を聞く』、若松英輔『魂にふれる――大震災と、生きている死者』、石内都『写真関係』『ひろしま』、ヴィクトール・フランクル『夜と霧』、目取真俊『水滴』『魂込め《まぶいぐみ》』『眼の奥の森』『虹の鳥』、大城立裕『カクテル・パーティー』、大田昌秀『沖縄　鉄血勤皇隊』、岡本太郎『沖縄文化論――忘れられた日本』、吉村昭『関東大震災』『死顔』、津村節子『紅梅』、西部邁『保守の真髄――老酔狂で語る文明の紊乱』『西部邁　自死について』、北条民雄『いのちの初夜』、スーザン・ソンタグ『隠喩としての病い』、堀辰雄『風立ちぬ』、小田実『「難死」の思想』、小林秀雄『ドストエフスキイの生活』『モオツァルト・無常という事』。

　やはり「死」に関する本が多い。たしかに「余命宣告をされたら何を読」むか、ということではあるのだが、雑誌かなにかで「死を考える三十冊」といった特集をしてもおなじようなラインアップになるだろう。だからなにを選んだかは重要ではない。

　むしろ、いかに読むか、が重要なのだろうが、それでも死を賭した読み方というものがあるとも思われない。そんなことより、読んでいて気づくことは、金子氏が自身の病気のことをおくびにも出していないことである。プロとしての矜持であろう。立派である。わたしなど、軽かったことをいいことに、脳梗塞にかかったことを手柄のように書いている。

　本の後半部、一冊の半分以上は金子氏の日記が収録されている。そのなかに書名が記されている。いくつかは「生きることばへ　いのちの文化帖」に使用された本や、仕事上の関心や金子氏の知的欲求からくると思われる書名もある。列挙しておこう。「中江兆民一年有半」「高見順など」「高橋哲哉」「悪霊」「死の医学」「病牀六尺」「加藤典洋戦後論」「石牟礼道子「春の城」」「森まゆみ「暗い時代の人々」」「池内紀」「金子みすゞ評伝」「黒川本・山室信一本」「島尾ミホ伝記」「橋川文三、三谷太一郎、松本三之介、松本健一らの明治維新論」「橋川文三「昭和維新論」」「加藤典洋「日本人の自画像」」「山室信一「アジアの思想史脈」」「若松英輔「魂にふれる」」「橋川文三「西郷紀行」」。

なかでも金子氏の個人的な興味や病気に関するものとしては、次のような書名が記されている。「村上春樹騎士団長殺し 上」、「もうろく帖」（鶴見俊輔）、「世に棲む日々」、「司馬遼太郎「太閤記」」。病院の図書室から「決戦川中島」「ガン回廊から」を借りている。「関ケ原」下、「城塞」も読んだようである。「鴻上尚史特攻本」（『不死身の特攻兵』）。

なかにこういう記述がある。「日比谷図書館で近藤［誠］本借りる。3～4冊ざっと読んでいく。必ずしも化学療法否定本ではないが、体をぼろぼろにして、一年半生きるなら、生活をかえず、一年で死んだ方がマシという理屈」。これに対する金子氏の感想は書かれていないが、大して動かされたようには見えない。

二〇一七年十月十八日の記述。「神よ、神さまよ。少しでも長く、おれに時間をくれ」。

驚くのは病気に関する金子氏の感想に深刻さがあまりないことだ。あえて書かなかったのか。代わりに病状が書かれている。とくに二〇一八年は病状がひどい。

抗がん剤による皮膚障害、顔が火傷状の痛み、全身倦怠、猛烈な睡魔、口内炎で食べられない。眠気。吐き気、激烈な痛み、食欲減退、骨盤の激痛、「脂汗かいて執筆」、足むくみ、「ただ、ひたすらクスリのみを胃袋に流しこむ日常になっていた。そこに到ると、さすがに恐怖を感じた」。鎮痛剤が効かず「ベッドで七転八倒し、うめき、地獄のような一晩をすごした」。

金子氏はこのような病苦に耐えながら、原稿を書きつづけたのである。すごいものである。そして死の一か月前の二〇一八年八月二十日の日記。「主治医（余命）３か月宣告」。その宣告を一緒に聞いた妻の記述にはこうある。
「沈黙になる。しかし、すぐに、医者の言うことは信じないから、と言う」

読書が終わる日

定年を機に、もうすべての社会性とほとんど無縁になった。「〜会」の類いが一切なくなり、義理の付き合いもない。夜の街ともほぼ関係がなくなった。もはや知識を増やしたいとも思わない。情報もいらない。いまの望みは、ただおもしろい本を読みたいだけである。といって、読書は自由でありたい。もしなんらかのきっかけで哲学書を読みたくなれば、読むであろう。専門書だって必要とあらば読む（なんの専門書かはわからないが）。

何年先になるのかわからないが、本を読めなくなるときが来るのだろうか。いや確実に来るだろう。まだ当分は大丈夫だと思うが。わたしはまだ速足で一万歩ほどは歩くことができる。自転車に乗ることもできる（夜間の運転は慎重になった）。だが、歩くときに歩幅刻みでヨチヨチ歩きしている老人を見る。一歩で十五センチほどしか進まないのだ。もうそうなれば、本どころではないかもしれない。本を手で支えるのさえ、つらくなるかもしれないが、そんなことをいまから心配してもしようがない。

津野海太郎に『最後の読書』（新潮社、二〇一八）という本がある。気になるタイトルである。本と読書に関する随筆である。それによると、鶴見俊輔の『「もうろく帖」後篇』という本には、編纂者か家族のだれかによると思われる、次のような記述があるらしい。「二〇一一年一〇月二七日、脳梗塞。言語の機能を失う。受信は可能、発信は不可能、という状態。発語はできない。読めるが、書けない。以後、長期の入院、リハビリ病院への転院を経て、翌年四月に退院、帰宅を果たす。読書は、かわらず続ける」「二〇一五年五月一四日、転んで骨折。入院、転院を経て、七月二〇日、肺炎のため死去。享年九三歳」。
津野はこれを読み、「名うての『話す人』兼『書く人』だった鶴見俊輔が、その力のすべてを一瞬にして失ったということもだが、それ以上に、それから三年半ものあいだ、おなじ状態のまま本を読みつづけた、そのことのほうに、よりつよいショックを受けた」と書いている。

そして、もし津野が、自分自身同じ状態になったとしたら、「はたして三年半も黙々と本を読みつづける意力があるかどうか」と自問し、「いまのところ『ある』といいきる準備は私にはないです」という。当然、わたしにも、ない。

津野は昭和十三年（一九三八年）生まれで、今年八十二歳。『最後の読書』のなかに「八十歳寸前の読書日記」という文章がある。「あと一か月ほどで私も八十歳の誕生日をむかえる」というときの文章である。「ぽつぽつ読み」で、堀田善衛の『定家明月記私抄』を「ようやく読み終える」とある。「歳をとるにつれて一気読みの体力が失われ、以前なら夜を徹して読んだはずの傑作ミステリーでも、途切れ途切れにしか読めなくなった」。しかも「途切れ」る間隔が、「一日どころか、一週間も一か月も空いてしまう」。それが一か月少々で読み終わりそうだ。「なんであれめでたい」。

こう書いて、「この二か月間」に読んだ本を列挙している。池内紀『記憶の海辺』、バーべリ『オデッサ物語』、松井今朝子『師父の遺言』、チャンドラー・村上春樹訳『高い窓』、陳浩基『13・67』、ル・カレ『スパイたちの遺産』、亀山郁夫・沼野充義『ロシア革命１００年の謎』、小笠原豊樹訳『プレヴェール詩集』、中島岳志『保守と立憲』、関川夏央・谷口ジロー『「坊っちゃん」の時代』、杉浦日向子『百日紅』、ちばてつや『ひねもすのたり日記1』など。読書意欲旺盛で、知的読書である。

この本は「Ｗｅｂ考える人」に連載した文章を集めたものである。選書に調整意識が入っているかもしれない。が、津野の本心だと考えよう。ほかには、『須賀敦子全集　年譜』、ウンベルト・エーコ『女王ロアーナ、神秘の炎』、池内紀『すごいトシヨリＢＯＯＫ』を買い、大竹昭子『須賀敦子の旅路』、須賀敦子『ミラノ　霧の風景』『塩一トンの読書』、チャンドラー『水底の女』、長谷川四郎『文学的回想』、ボルヘス『語るボルヘス』、池内紀『モーツァルトとは何か』、養老孟司『半分生きて、半分死んでいる』、内田百閒『百鬼園先生言行録』、池内紀『闘う文豪とナチス・ドイツ』などを読んでいる。

これが老齢の津野海太郎の読書である。感心する人も、参考にする人も、おれとは違うなと思う人もいることだろう。何歳になろうと、結局、自分の読書はやはり自分の読書でしかないのである。読書の春秋は一人ひとり違う。だから人の読書はおもしろいのである。なかに、次のようなくだりがある。体の歳月だけは情けなくも悲しい。

嵐山光三郎の「糞づまりになったが、熟練の看護師が、肛門に指を入れてぐりぐりっと動かすと、するりと出た。ほっと安心して腹を撫でおろした」という文章を読んで、津野は、そういえば、と思い出す。「私にも九十四歳で亡くなる直前の母の『糞づまり』を、ポリエチレンの手袋をはめて指で掻きだした経験がある」「遠からず私もこんなふうに消えてゆくのだ。人間にほかの終わり方はないのだよ」。本の話もおもしろいが、こういう話のほうが、老いの実感が出ている。秋霜烈日だ。

いまわたしの視力は落ちている。もともと近眼（乱視も入っている）なのだが、年をとっても読書に不都合を感じたことはない。集中力が落ちたとは思わない。ところが七十を超えたころから、全般的にモノが前よりも見えにくくなった。両目とも白内障であることはわかっている。緑内障でなくて幸いだった。この本を書き終えたら、手術をしようと考えている。視力の衰えだけでなく、体力・気力が衰えて、いつか活字を読むのがきつくなるときがくるだろう。

考えてもしかたがないことである。そうなったら、本を読むのを止めればいい。さぞかしつらいだろうなと思うが、そのときになったら、案外、残念だなという気持ちもなくなっているかもしれない。

わたしの父の最期の数日のある日、病床で宙空を見上げていた姿を思い出す。父はやおら上体を起こし、わたしが読んでいた週刊誌をゆっくりめくり、また静かに横になった。一言も発せず、わたしも一言も発しなかった。なにか考えていたのだろうか。わたしにもいずれそんな日が来るのだろう。本を読めなくなる日と、死とどちらが早いか。ついまた、そのようなことを考えたりしてしまうが、それもつまらぬことだ。まだ、いまはおもしろい本が読める。それだけが、いま、たしかなことである。

あとがき――まだまだ読みたい本はある

ついさっき、鳥羽亮の『剣客同心　鬼隼人』（角川春樹事務所・時代小説文庫、二〇〇二）を読み終えた。おもしろかった。鳥羽亮の名前は当然知っていた。ものすごい多作で、図書館にはずらりと文庫が並んでいる。鳥羽一郎の親戚のような名前と、その多作ぶりから、通俗作家のような人に思えて気が乗らず、長年敬遠していたのだ。が、それだけに一読して驚いた。予想に反して、筋書きはやや平板ながらも（それも悪くはない）、構成も文章も一級品だったのである。

まだ一冊も読んだことのない作家がたくさんいる。気になっていた。そろそろ、自分にとって新しい作家を発掘しなければな、と思い、二〇一九年後半から読み始めたなかのひとりが鳥羽亮だったのである。すべて大衆受けしそうなタイトルばかりの中で、見当をつけて最初の一冊に選んだのが『鬼哭の剣――介錯人・野晒唐十郎』（二〇一一、祥伝社文庫）

だった。これが素晴らしかったのである。立て続けにこの介錯人シリーズの三作目の『妖鬼　飛蝶の剣』までを読み、そのあとの『剣客同心　鬼隼人』である。

こんなに時代小説を読むようになろうとは、まったく思わなかった。やはりきっかけは池波正太郎の『鬼平犯科帳』を全作読んだことだろうか。それ以前にも時代小説はいくらかは読んでいた。しかしそれは、山本周五郎であり藤沢周平であり乙川優三郎で、文学的香りのある時代小説ばかりだった。時代小説という意識も薄かった。

ところが『鬼平犯科帳』はまったくちがったのだ。娯楽小説の凄さである。一冊終われば即次の一冊というようにぐんぐん読み進み、全二十四冊読み終えたときには、蓄積された二十四冊分の「おもしろさ」が一気に弾けて、心の底から「ああ、おもしろかった」と嘆息したものである。そのあとに読んだ、おなじ池波の『真田太平記（全十二冊）』がまた勝るとも劣らないおもしろさだった。娯楽小説の凄さに開眼した。

「それでも読書はやめられない」とはいっても、なにを読むか。その池波正太郎はもういないし、山本周五郎も司馬遼太郎も藤沢周平も、いない。「スペンサーという者だ」のロバート・Ｒ・パーカーも、「フロスト警部」のＲ・Ｄ・ウィングフィールドもいない。「スワガー・サーガ」のスティーヴン・ハンターはまだ健筆中だが、最新作の『狙撃手のゲーム（全二冊）』を、わたしは初めて上巻だけで読むのを止めた。まさかの事態だった。『極大射程（全二冊）』は大傑作だったのに、ついにハンターもこうなってしまったか。スティーヴン・キングもさすがに衰えが目立つ。ただひとり、今年八十になるジェフリー・アーチャーだけが健在である。

前章で堀田善衛の『定家明月記私抄』『ミシェル　城館の人』を読むのが楽しみだ、と書いた。それでも読む本が少なくなりつつある、という感覚がある。むろんわたしの読む本、ないしは読みたい本、という限定付きだが。いまや音楽は、もっぱら昔の音楽ばかり。いまの音楽はまったく聴かない。映画も観たいと思う映画はせいぜい十本に一本程度。それもほとんど洋画に限られている。

なにしろわたしは基本的に現代小説（文学）を読まない。戦記物は主だったものは読んでしまった。残るのは時代小説と海外ミステリーだけである。だけど、わたしはそれほど心配はしていない。鳥羽亮だけでも、未読のものは少なくともあと二百冊はあるだろう（さすがに全部読むつもりはないが）。ほかにも未読の作家はいる。女流の時代ものは未踏の大地である。それに新しい作家も出てくることだろう。

まあ出てこなくても、最後の手段はある。「ああ、おもしろかった」の名作群を再読すればいいのである。いくつもの大作がある。ゆっくり読もうと思う。内容をほとんど忘れているから、新たに読むようなものである。北方『三国志（全十四冊）』は再読したことがある。ほかにも『水滸伝』『楊令伝』『岳飛伝』がある。これだけではさすがに倦むだろうから、あいだに適宜単発の本をはさめばいい。数年はもつだろう。

二〇二〇年（令和二年）一月

勢古浩爾

校閲　髙松完子
ＤＴＰ　米山雄基

勢古浩爾 せこ・こうじ
1947年大分県生まれ。
洋書輸入会社に34年間勤務ののち、2006年末に退職。
市井の人間が生きていくなかで本当に意味のある言葉、
心の芯に響く言葉を思考し、静かに表現し続けている。
著書に『思想なんかいらない生活』『最後の吉本隆明』(ともに筑摩書房)、
『まれに見るバカ』(洋泉社)、『アマチュア論。』(ミシマ社)、
『定年後に読みたい文庫100冊』(草思社)、
『定年バカ』(SBクリエイティブ)など。

NHK出版新書 615

それでも読書はやめられない
本読みの極意は「守・破・離」にあり

2020年3月10日　第1刷発行

著者　勢古浩爾 ©2020 Seko Koji
発行者　森永公紀
発行所　NHK出版
〒150-8081 東京都渋谷区宇田川町41-1
電話 (0570) 002-247 (編集) (0570) 000-321 (注文)
http://www.nhk-book.co.jp (ホームページ)
振替 00110-1-49701

ブックデザイン　albireo
印刷　新藤慶昌堂・近代美術
製本　藤田製本

本書の無断複写(コピー)は、著作権法上の例外を除き、著作権侵害となります。

落丁・乱丁本はお取り替えいたします。定価はカバーに表示してあります。

Printed in Japan ISBN978-4-14-088615-1 C0295

NHK出版新書好評既刊

暴走するネット広告
1兆8000億円市場の落とし穴
NHK取材班
あなたが見ているそのサイトで誰かが〝不正に〟儲けている——。急成長を遂げるネット広告の問題点を「クローズアップ現代+」取材班が徹底追跡。
590

がんから始まる生き方
養老孟司　柏木　博　中川恵一
がん患者・治療者・助言者の3氏が、がんになって得た視点や死生観を縦横無尽に語りつくす！　類書のない、大人のための「がん体験指南書」！
591

ふしぎな鉄道路線
「戦争」と「地形」で解きほぐす
竹内正浩
東京～京都の鉄道は東海道経由じゃなかった？　山陽本線の難所「瀬野八」誕生の理由は？　九州の幻の巨大駅とは？　史料と地図で徹底的に深掘り！
592

明るい不登校
創造性は「学校」外でひらく
奥地圭子
不登校に悩む親子の駆け込み寺・東京シューレの創始者が、変化する現状を的確に描き、不登校経験者の豊かな将来像を経験に基づき説得的に示す。
593

救急車が来なくなる日
医療崩壊と再生への道
笹井恵里子
119番ではもう助からない!?　都心の大病院から離島唯一の病院までを駆け巡ったジャーナリストが、救急医療のリアルと一筋の希望をレポートする。
594

幸福な監視国家・中国
梶谷　懐　高口康太
習近平政権のテクノロジーによる統治が始まった。なぜ大都市に次々と「お行儀のいい社会」が誕生しているのか!?　その深層に徹底的に迫る一冊！
595

NHK出版新書好評既刊

8050問題の深層
「限界家族」をどう救うか
川北 稔
若者や中高年のひきこもりを長年研究してきた社会学者が、知られざる8050問題の実相を明らかにし、従来の支援の枠を超えた提言を行う。
596

革命と戦争のクラシック音楽史
片山杜秀
優美で軽やかなモーツァルトも軍歌を作っていた？ 「第九」を作ったのはナポレオン？ 世界史と音楽史が自在に交差する白熱講義！
597

誰も知らないレオナルド・ダ・ヴィンチ
斎藤泰弘
芸術家であり、科学者でもあった「世紀の偉人」がなりたかったのは、「水」の研究者だった？ 自筆ノートから見えてくる「天才画家」の正体とは——。
598

男の「きょうの料理」
絶品！ ふわとろ親子丼の作りかた
NHK出版［編］
NHK「きょうの料理」とともに歩んできた番組テキストで紹介されたレシピの中から、しっかり作れてきちんとおいしい「丼」70品を厳選収載！
599

日本語と論理
哲学者、その謎に挑む
飯田 隆
「多くのこども」と「こどもの多く」はどう違う？ 「こどもが三人分いる」が正しい場合とは？ 日本語のビミョウな論理に迫る「ことばの哲学」入門！
600

世襲の日本史
「階級社会」はいかに生まれたか
本郷和人
日本史を動かしてきたのは「世襲」であり、「地位より家」の大原則だった。摂関政治から明治維新までの流れを読み解き、日本社会の構造に迫る！
601

NHK出版新書好評既刊

プラトン哲学への旅
エロースとは何者か

納富信留

えっ!? 紀元前のアテナイでソクラテスと「愛」について対話する? プラトン研究の第一人者が『饗宴』を再現して挑む、驚きのギリシア哲学入門書。

602

AI以後
変貌するテクノロジーの危機と希望

丸山俊一＋NHK取材班〔編著〕

脅威論も万能論も越えた「AI時代」のリアルとは? ダニエル・デネットなど4人の世界的知性が、人類とAIをめぐる最先端のビジョンを語る。

603

残酷な進化論
なぜ私たちは「不完全」なのか

更科功

心臓病・腰痛・難産になるよう、ヒトは進化した! 『絶滅の人類史』の著者が最新研究から人体進化の不都合な真実に迫る、知的エンターテインメント!

604

親の脳を癒やせば子どもの脳は変わる

友田明美

親の脳も傷ついていた。脳研究に携わる小児精神科医が、脳とこころを傷つけずに子どもと向き合う方法を最新の科学的知見に基づいて解説する。

605

森保ジャパン 世界で勝つための条件
日本代表監督論

後藤健生

新生サッカー日本代表「森保ジャパン」が世界の壁を突破するためには、何が必要なのか? 代表監督の系譜から考える。歴代監督12人の独自採点付き。

606

証言 治安維持法
「検挙者10万人の記録」が明かす真実

NHK「ETV特集」取材班〔著〕
荻野富士夫〔監修〕

1925年から20年間にわたって運用された治安維持法。当事者の生々しい肉声と検挙者数のデータから、その実態に迫った「ETV特集」の書籍化。

607

NHK出版新書好評既刊

明智光秀
牢人医師はなぜ謀反人となったか

早島大祐

文武兼ね備えたエリート武将は、いかに本能寺の変へと追い詰められたか。気鋭の中世史家が最新の研究成果を踏まえ、諸説を排し実証的に迫る渾身作！

608

マグロの最高峰

中原一歩

豊洲で一日に並ぶ二百本の上位「二、三本」は何が違うのか？ 漁師・仲買人・鮨職人に長年密着取材してきた作家による、究極の「マグロ入門」誕生！

609

「超」現役論
年金崩壊後を生き抜く

野口悠紀雄

決してバラ色ではない「人生100年時代」。国にも会社にも、もう頼れない！ 老後の暮らしを守る唯一の方法を、日本経済論の第一人者が提言する。

610

科学史の核心
高校世界史でわかる

小山慶太

ニュートンはなぜ後世に名を残せた？ 普仏戦争と量子力学の意外な関係とは。近現代史を大きく動かした科学の営みをたどる、科学史「超」入門！

611

実践 幸福学
科学はいかに「幸せ」を証明するか

友原章典

日本の男女格差はG7最下位、なのに幸福度の男女差は女性が上！ その理由とは？ 行動経済学の俊英が、科学に基づく「幸せ」のあり方を提唱する。

612

死ぬまで、努力
いくつになっても「伸びしろ」はある

丹羽宇一郎

定年後の幸せ、老後の理想、若者との向き合い方。後悔なしに生きるには何を心掛けるべきか。豊富な経験から語り尽くす、人生後半戦の指針書！

613

NHK出版新書好評既刊

AI vs.民主主義
高度化する世論操作の深層
NHK取材班
すでに世界68か国で展開されている「AI世論操作」。それはいかに社会を脅かすのか。告発者らの生々しい証言を手掛かりに探る民主主義の未来。
614

それでも読書はやめられない
本読みの極意は「守・破・離」にあり
勢古浩爾
名著、名作に入門、格闘し、敗れたのちに開眼する!? 何ものにもとらわれない読み方へ。古希を過ぎて総括する、痛快なる読書一代記!
615

移動革命
MaaS、CASEはいかに巨大市場を生み出すか
三菱総合研究所［編著］
EV・自動運転・配車アプリ・シェアリング……。「移動」をめぐっていま起こりつつある、100年に1度のパラダイムシフトの実相を解き明かす。
616

ミッシングワーカーの衝撃
働くことを諦めた100万人の中高年
NHKスペシャル取材班
労働市場の「落とし穴」に陥るリスクは、誰にでもある! 働き盛りの40代・50代に何が起きているか? 話題沸騰のNHKスペシャル、待望の書籍化!
617

欧州分裂クライシス
ポピュリズム革命はどこへ向かうか
熊谷 徹
EUから離脱する英国、右傾化に抗うドイツ。「格差拡大」「アイデンティティの喪失」という二つの不安軸から欧州情勢の今を読み解く。
618